労働経済学で考える
人工知能と雇用

山本 勲

三菱経済研究所

はしがき

　人工知能やロボットなどの技術革新によって労働者の雇用は将来どのくらいなくなるのか. この問いに正しく答えようとする経済学者は少ないだろう. 雇用が技術にどの程度置き換わるかは技術革新のスピードや範囲によって大きく異なるし, たとえ喪失する雇用があっても技術革新は新たな雇用も創出するため, どちらの影響が大きくなるかは現時点では何ともいえないからである.

　しかし, 第3次人工知能ブームといわれる状況において, 新たな技術に雇用が奪われてしまうのではないかという人々の懸念は根強い. 啓蒙的な書籍や雑誌などの記事では, ほとんどの仕事が消えてしまうかのごとくリスクが強調されている. そうしたなかで, 可能な限り科学的に将来予測を行った研究で「雇用の約半数が消失する」という結果が発表されると, 数字だけが過度に注目され, 人工知能の進化はやはり労働者に脅威であるといった警告に多用される.

　このように, 人工知能などの新しい技術が雇用に与える影響の受け止め方は, 経済学者と一般の人々の間に大きなギャップが存在するように見受けられる. こうしたギャップが本書の問題意識になっており, 本書では, これまでの労働経済学研究に基づくと, 人工知能などの技術革新が雇用に与える影響として, どのようなシナリオや留意点があるのかを検討・整理することを主たる目的とする.

　将来のことは正しく予測できないにしても, 技術革新と雇用の関係については産業革命以降, 長く議論されてきており, 労働経済学では研究の蓄積が進んでいる. 特に1980年代以降の格差拡大や中間層の縮小に関しては, 情報技術の普及の及ぼした影響が分析され, 新たな理論モデルの構築や実証的なエビデンスの導出がさかんになされている. こうした研究動向やそこから得られた知見は, 今後の人工知能の進化の影響を考えるうえで有用であり,

本書でその点を少しでも伝えられればと考えている．本書によって，現在の労働経済学研究で人工知能の労働市場への影響がどこまで把握でき，今後，どのようなことに留意すべきかが浮き彫りになるとともに，論点整理が今後の研究を生むきっかけになれば，筆者として望外の喜びである．

　本書は筆者が公益財団法人三菱経済研究所の兼務研究員として行った研究成果をまとめたものである．本書の執筆にあたっては多くの方々にお世話になった．まず，本書を執筆する機会を与えてくださった慶應義塾大学商学部の樋口美雄先生に深く感謝したい．次に，大学院生の伊藤大貴君と元大学院生の野原快太君とは，人工知能と雇用に関する勉強会で意見交換を重ねたことで，この分野の労働経済学研究の理解をより深めることができた．さらに，2人には本書で用いたデータの整理をしてもらったほか，伊藤大貴君には原稿段階で本書の内容や表現をチェックしてもらった．心より御礼申し上げる．また，筆者は総務省情報通信政策研究所のICTインテリジェント化影響評価検討会議とAIネットワーク社会推進会議・影響評価分科会の構成員を務めているが，その会議を通じて，人工知能をはじめとする新たな技術に関する最新の知見や研究動向を学ぶことができた．総務省情報通信政策研究所ならびに構成員の方々に感謝申し上げる．

　最後に，公益財団法人三菱経済研究所の常務理事の滝村竜介氏には，遅筆な筆者の原稿執筆を辛抱強く待ってくださるとともに，研究の計画や内容，原稿に有益なコメントを頂戴した．素晴らしい研究環境を頂いた滝村竜介氏そして三菱経済研究所の皆様に厚く御礼申し上げたい．

2016年12月

山本　勲

目　次────────────────────────────────

はしがき　　　　　　　　　　　　　　　　　　　　　　　　　　　　i

第1章　人工知能やロボットの普及による労働市場への影響　　　1

第2章　1980年代以降の技術革新と労働市場：観察事実と理論モデル　　7
2.1　賃金格差の拡大とスキルプレミアムモデル　　　　　　　　　8
　2.1.1　米国における賃金格差の拡大　　　　　　　　　　　　　8
　2.1.2　スキルプレミアムモデルの概要　　　　　　　　　　　　9
　2.1.3　スキルプレミアムモデルの説明力：SBTC仮説　　　　　10
　2.1.4　スキルプレミアムモデルの限界　　　　　　　　　　　　12
2.2　雇用の二極化の進展とタスクモデル　　　　　　　　　　　13
　2.2.1　米国における雇用の二極化　　　　　　　　　　　　　13
　2.2.2　タスクモデルの概要　　　　　　　　　　　　　　　　14
　2.2.3　タスクの分類　　　　　　　　　　　　　　　　　　　17
　2.2.4　タスクモデルの説明力：Routinization仮説　　　　　　19

第3章　人工知能やロボットなどの技術革新の労働市場への影響予測：
　　　　AI技術失業仮説　　　　　　　　　　　　　　　　　23
3.1　タスクモデルに基づくインテリジェントICT化の
　　　労働市場への影響　　　　　　　　　　　　　　　　　　23
3.2　AI技術失業に関する指摘　　　　　　　　　　　　　　　25
　3.2.1　オックスフォード大学の
　　　　　フレイ氏とオズボーン氏らによる指摘　　　　　　　25
　3.2.2　MIT大のブリニョルフソン氏とマカフィー氏による指摘　28
　3.2.3　その他の指摘　　　　　　　　　　　　　　　　　　29
3.3　AI技術失業説の留意点　　　　　　　　　　　　　　　　30
　3.3.1　「消える雇用」は主観的な予測に基づく　　　　　　　30
　3.3.2　雇用との代替可能性は新技術の価格にも依存　　　　31
　3.3.3　新技術による雇用創出の可能性　　　　　　　　　　32
　3.3.4　どの程度のタイムスパンを射程とするか　　　　　　34

3.3.5　失業以外への影響	35
3.3.6　オフショアリング	36
3.3.7　法的・倫理的視点	37

第4章　日本の労働市場の特性と技術革新との関係　　39

4.1　日本の労働市場でのRoutinization仮説	39
4.1.1　職種変化と賃金変化の日米比較	39
4.1.2　ルーティンタスク集約度の国際比較	42
4.2　日本的雇用慣行とインテリジェントICT	45
4.2.1　日本的雇用慣行の特徴	45
4.2.2　日本的雇用慣行とIT	46
4.2.3　日本的雇用慣行とインテリジェントICT	47
4.3　非正規雇用とインテリジェントICT	48
4.3.1　非正規雇用の推移	49
4.3.2　非正規雇用の増加の背景	49
4.3.3　非正規雇用とIT	51
4.3.4　非正規雇用とインテリジェントICT	52
4.4　インテリジェントICTの利活用と雇用	52
4.4.1　ビジネスでのITやインテリジェントICTの利活用	53
4.4.2　インテリジェントICTの戦略的な利活用と雇用	55
4.5　超高齢社会におけるインテリジェントICTの利活用	56
4.5.1　労働供給制約の動向と課題	56
4.5.2　労働供給制約の処方薬としてのインテリジェントICT	59
4.5.3　生産性向上に必要な補完的イノベーション	60

第5章　結びに代えて　　63

5.1　これまでの議論のまとめ	63
5.2　今後の研究課題と若干の政策含意	67
5.2.1　今後の研究課題	67
5.2.2　若干の政策含意	68

参考文献　　71

第1章

人工知能やロボットの普及による
労働市場への影響

　本書では，人工知能（AI）やロボットなどの情報通信技術（インテリジェント ICT）の技術革新が進み，社会で利活用されていくなかで，日本の労働市場がどのような影響を受けるかを考察する．その際には，まず，1980 年代以降の情報技術（IT）の普及が労働市場に与えた影響を研究した労働経済学の知見に基づいて理論的・実証的な整理を行う．次に，日本の労働市場に特有の課題を中心に，今後の影響を検討するうえでの留意点を議論する．

　人工知能やロボット，IoT，ビッグデータ，クラウドなど，新しい情報通信技術にはさまざまなものがあり，日々著しいスピードで進化している．総務省（2015）では，それらの技術革新のうち，「コンピュータや通信に関する様々な技術の同時並行的かつ加速度的な進展によってもたらされる，人間を取り巻く ICT における知性の大幅な向上と，その ICT と人間の連携の進展という，巨大かつ急速な変化」のことを「ICT インテリジェント化」と定義するとともに，ICT インテリジェント化を支える技術やシステムの総体を「インテリジェント ICT」と呼んでいる．本書でも総務省（2015）の定義に沿って，AI やロボットなどの情報通信技術のことをインテリジェント ICT と呼ぶことにする[1]．

　今後，インテリジェント ICT の技術革新が進み，新しい技術の普及は社会経済のあらゆる側面に影響を及ぼすことが予想される．特に，労働市場では，インテリジェント ICT が低スキル労働者の雇用を奪ったり，賃金格差を拡大

---

[1] 本書では労働経済学の視点からインテリジェント ICT が労働市場に与える影響を検討するものであり，人工知能やロボットなどの情報通信技術の内容や仕様，開発状況などについては必ずしも正確な用語や概念が使われない可能性がある点には，留意されたい．

させたりするマイナス面での影響をもたらすことが懸念されている．たとえば，Frey and Osborne（2013）は，ICT インテリジェント化によって約半数の仕事が消失することを予測し，大きな反響を呼んでいる．

1980 年代以降，アメリカをはじめとする多くの先進国では，コンピュータなどの IT の普及によってルーティンタスクに従事する中間層の労働者の仕事が技術に代替され，賃金格差が拡大したといわれている．こうした点に関するエビデンスの導出やメカニズム・影響の解明は，1990 年代以降の労働経済学研究の大きな柱として，多数の理論的・実証的知見が蓄積されている．Frey and Osborne（2013）らの指摘は，IT からインテリジェント ICT に技術革新が一層進んだ際の雇用への影響を予測したものであり，一定の説得力はある．しかしながら，Frey and Osborne（2013）の指摘の根拠はあくまで現時点での予測にすぎない．にもかかわらず，マスメディアなどでは「約半数の仕事が消える」といった Frey and Osborne（2013）の試算結果のみが過度に注目されている．このため，約半数という数字がどのような前提のもとで推計されたものなのか，また，雇用への影響を予測するうえでどのような点に留意するべきなのか，国による労働市場の特性の違いをどのように考慮するべきなのか，といった本質的な議論がなされずに，雇用を奪う AI やロボットなどの技術革新は労働者にとっては驚異であるといった整理が多くされている．

その一方で，労働経済学では技術と雇用の関係性についての知見が過去に多く蓄積されているが，今後のインテリジェント ICT の技術革新や普及が雇用に与える影響については，必ずしも労働経済学者の関心は高くないようにも見受けられる．事実，Brynjolfsson and McAfee（2011, 2014）や Ford（2015）が指摘するように，多くの経済学者は歴史的な経験則から，新しい技術によって雇用が奪われることがあってもそれは一時的なものであり，技術革新による経済成長などを通じて新たな雇用も創出される，といった見解を持っているようである．

本書の問題意識は，こうしたギャップを埋めることにある．つまり，労働経済学の知見に基づいて，可能な限り客観的にインテリジェント ICT と労働市場の関係について現時点で明らかになっていることや論点を整理したうえ

で，インテリジェント ICT の労働市場に与える影響を見極めることを目指している．このため，本書では 10 年後，20 年後，50 年後にどのように労働市場が変わるか，といった不確実な見通しには言及しない．代わりに本書では，過去の経緯と現状の課題・問題点などを踏まえたうえで，将来的に生じうる変化の可能性を整理する．

本書では，ICT インテリジェント化が日本の労働市場に与える影響について，以下の 2 つの視点に立って検討する．まず 1 つ目の視点は，技術革新が労働市場に与える影響についての論点整理である．労働経済学では技術革新と雇用の間には代替関係（雇用喪失）と補完関係（雇用創出）があがあると考えられており，実際，産業革命以降，時代に応じて両方の関係がみられてきた．そのなかで，注目されるのが 1980 年代以降の格差拡大に関する 2 つの研究動向である．1 つは，技術革新が低スキル雇用の減少を招いたとする SBTC（Skill-Biased Technical Change）仮説（スキル偏向的技術革新仮説）であり，所得格差の拡大を説明するものとして注目されてきた．もう 1 つは，技術革新は定型的で繰り返しの多いルーティンタスクに従事する労働者の雇用を減らした一方で，非定型的なノンルーティンタスクのうち知的タスク（高賃金）と手仕事タスク（低賃金）に従事する労働者の雇用を増やしたとする Routinization 仮説（定型化仮説）であり，世界各国で観察されている雇用の二極化（中賃金の労働者が相対的に減少し，高賃金と低賃金の労働が増加した現象）を説明できる．

このうち，インテリジェント ICT の労働市場への影響を検討する際には，特に Routinization 仮説が興味深い．Routinization 仮説では，IT の技術革新が進んでも，サービス労働など人にしかできないノンルーティン手仕事タスクへの需要は相対的に増加したため，IT に代替された労働者の「受け皿」になっていたと説明している．ということは，今後，ICT インテリジェント化が進み，ノンルーティン手仕事タスクでも AI やロボットなどのインテリジェント ICT が遂行できるようになると，新しい技術に代替される労働者の「受け皿」がなくなり，大量の失業や極端な所得格差が生じるおそれがある．

本書では，これら 2 つの仮説に関する理論的・実証的研究を整理することで，ICT インテリジェント化が労働市場に与える一般的な影響を整理する．

本書の2つ目の視点は，日本の労働市場が直面する少子高齢化といった課題や日本的雇用慣行，非正規雇用者の増加などの固有の特性に着目しながら，ICTインテリジェント化の影響を考察するものである．日本の労働市場では少子高齢化・人口減少の影響から，中長期的に労働供給制約が生じることが懸念されており，すでに医療福祉などのサービス業や建設業などで人手不足の問題が顕現化している．一般に，ICTインテリジェント化は，労働供給が増加している状況では雇用を奪うなどの弊害が懸念される．ところが，日本のように労働供給制約が生じている労働市場では，ICTインテリジェント化が人手不足を補い，経済成長を促進する役割を果たすことも期待できる．また，今後労働力としての活用が必要不可欠といわれる女性や高齢者の仕事にAIやロボットなどのインテリジェントICTを利活用することは，労働供給制約を解消するとともに，労働生産性を引き上げることにもつながり，ICTインテリジェント化と雇用の補完的関係が生じる可能性も高い．

　ただし，日本の労働市場ではルーティンタスクに従事することの多い非正規雇用のウエイトが大きくなっていることは，ICTインテリジェント化の影響を考えるうえで，重要な論点となりうる．日本的雇用慣行の下で，正規雇用者は多くの企業特殊的スキルの人的投資を受けているため，企業が人的投資のリターンを回収するまでは雇用が保障されることが一般的である．このため，インテリジェントICTの技術革新が進んだとしても，正規雇用者をすぐに代替するようなことは企業にとって合理的ではなく，正規雇用者への影響は即座には顕現化しないと予想される．

　その一方で，非正規雇用者についてはインテリジェントICTの影響を大きく受けることが懸念される．1990年代から日本の多くの企業では，日本的雇用慣行が適用される正規雇用から，雇用保障の弱い非正規雇用への代替を進めてきた．その過程では，正規雇用の担ってきた複雑なタスクの一部をルーティン化し，非正規雇用に移管してきた．そうしたタスクはICTインテリジェント化の影響を強く受けやすいため，非正規雇用と新しい技術との代替が急速に進む可能性もある．

　ICTインテリジェント化による雇用喪失が発生するかは，AIやロボットなどのインテリジェントICTの価格が労働費用よりも低くなるか，また，代替

可能な雇用がどの程度あるかがポイントとなる．非正規雇用の労働費用は低いため，価格面で考えると影響を受けにくいかもしれない．しかし，量的には全雇用者の4割を占めるボリュームゾーンであるため，技術代替による利益を狙った開発・普及が進み，結果的にICTインテリジェント化の影響を大きく受ける可能性もある．

　以上のように日本の労働市場の特性を考慮すると，ICTインテリジェント化は労働供給制約に対処するための有効な手段として活用できるか，また，非正規雇用者など代替されうる労働者の受け皿をどのように確保するか，といった点を検討することが重要と考えられる．

　本書では，これらの視点に立って，まず，次章で1980年代以降の技術革新と労働市場の関係を理論的・実証的な労働経済学の知見を踏まえながら整理する．次に3章では，過去の労働経済学の知見に基づいてインテリジェントICTが雇用を奪う可能性について，いくつかの研究を紹介しながら整理するとともに，必要となる論点を提示する．さらに，4章では，日本の労働市場に焦点を当て，日本的雇用慣行や非正規雇用，少子高齢化に伴う労働供給制約などの日本的な特性を整理したうえで，インテリジェントICTの影響や役割について論点を整理する．最後に5章では，本書のまとめを行うとともに，今後の研究課題や政策的な対応の方向性について若干言及する．

第2章

1980年代以降の技術革新と労働市場：
観察事実と理論モデル

技術革新が労働市場に大きな影響を及ぼすことは産業革命以降，繰り返し議論されてきた[2]. 近年では，AIやロボットなどのインテリジェントICTの普及が多くの雇用を奪ってしまうのではないかといった議論が活発にされている．そうした議論は，1980年代以降にコンピュータを中心とするITの技術革新・普及に伴う賃金格差の増大の延長線上にあるものと位置づけられる．なぜならば，ITの普及は高スキル労働者の生産性と賃金の上昇につながった一方で，ITを使わない低スキル労働者の生産性や賃金を相対的に低下させたと指摘されているが，今後のインテリジェントICTは低スキル労働者の仕事自体を奪うため，賃金格差にとどまらず大量失業をもたらすと危惧されているからである．

そのようにとらえると，インテリジェントICTの普及の影響を考えるにあたっては，まずは労働経済学の先行研究において，コンピュータなどのITの普及が労働市場にどのような影響をもたらしたかといった点について，エビデンスやメカニズム・影響を把握することが重要といえる．そこで，以下，1980年代以降の米国を中心とする賃金格差の拡大と雇用の二極化に関する実証的・理論的研究のエッセンスを概観してみたい．

---

[2] 産業革命時には職人などの熟練労働者の雇用を機械が奪ったことで19世紀に「ラッダイト運動」が起き，後にケインズはこうした現象を「技術失業（technological unemployment）」と呼んだ．これに対して経済学者の多くは，生産性の向上で産業革命以降は工場労働者などの新たな雇用が創出されたため，技術失業は短期的なものにすぎず，「ラッダイトの誤謬」といえると指摘してきた．

2.1 賃金格差の拡大とスキルプレミアムモデル

2.1.1 米国における賃金格差の拡大

1980年代以降，米国を中心に賃金格差の増大が観察されており，労働経済学の分野では，エビデンスの収集やメカニズム・影響の解明を試みる多くの研究が蓄積された．賃金格差の増大の端的なエビデンスとしては，Acemoglu and Autor（2011）が示した図2.1がわかりやすい．

図2.1はアメリカの高卒と大卒のフルタイム労働者の賃金格差を平均賃金比率の対数値で測り，1960年代以降の推移を示したものである．ただし，高卒と大卒の労働者の性別や労働市場での経験年数，人種などの構成の変化による影響を除くために，平均賃金はそれらの構成比の年ごとの違いを回帰分析によって調整した推計値を用いている．この図をみると，賃金格差は1970年代にはほぼ一貫して縮小していたものの，1980年代以降はほぼ一貫して増大していることがわかる．

Acemoglu and Autor（2011）をはじめとする多くの労働経済学者は，こうした賃金格差の長期的な推移は，①高スキル労働者の生産性をより高めるような「スキル偏向的技術進歩」と②高スキル労働者の労働供給の大きさの2つの要因によって説明できることを指摘している．

図2.1　米国における賃金格差の推移

大 卒 ・ 高 卒 賃 金 比 率 （ 対 数 値 、 構 成 調 整 済 、 1963-2008 年 ）

資料）Acemoglu and Autor（2011）の Figure 1 を引用．

その点を理解するために，以下では，Tinbergen（1974, 1975）やWelch（1973），Kaz and Murphy（1992）などで展開されたスキルプレミアムモデルをみてみたい[3]．

2.1.2 スキルプレミアムモデルの概要

スキルプレミアムモデルでは競争的な労働市場において，高スキルと低スキルの2種類の労働インプットが存在し，代替の弾力性が一定であるとの仮定の下で，以下のようなCES型の生産関数を想定する．

$$Y = \left[(A_L L)^{\frac{\sigma-1}{\sigma}} + (A_H H)^{\frac{\sigma-1}{\sigma}} \right]^{\frac{\sigma}{\sigma-1}}, \quad \sigma \in [0, \infty) \tag{1}$$

ここでLとHは低スキルと高スキルの労働供給の総量で，それぞれ個々の労働者が非弾力的に供給する低スキルと高スキルを労働市場全体で合計したものと定義される．また，A_LとA_Hは低スキルと高スキルそれぞれに増大的な技術水準（factor-augmenting technology）で，Yは付加価値である．このほか，σは低スキルと高スキルの労働の代替の弾力性であり，0に近づくとレオンチェフ型，無限大に近づくと完全代替，1に近づくとコブダグラス型の生産関数となる．

低スキルと高スキルの労働に対する賃金はそれぞれの限界生産力と一致するため，以下のように導出できる．

$$W_L = \frac{\partial Y}{\partial L} = A_L^{\frac{\sigma-1}{\sigma}} \left[A_L^{\frac{\sigma-1}{\sigma}} + A_H^{\frac{\sigma-1}{\sigma}} (H/L)^{\frac{\sigma-1}{\sigma}} \right]^{\frac{1}{\sigma-1}} \tag{2}$$

$$W_H = \frac{\partial Y}{\partial H} = A_H^{\frac{\sigma-1}{\sigma}} \left[A_L^{\frac{\sigma-1}{\sigma}} (H/L)^{-\frac{\sigma-1}{\sigma}} + A_H^{\frac{\sigma-1}{\sigma}} \right]^{\frac{1}{\sigma-1}} \tag{3}$$

よって，賃金格差の指標として，高スキルと低スキルの賃金比率の対数値（$ln\omega$）を計算すると，以下のようになる．

---

[3] ここでの説明はAcemoglu and Autor（2011）をもとにしている．

$$ln\omega = ln\left(\frac{W_H}{W_L}\right) = \frac{\sigma-1}{\sigma}ln\left(\frac{A_H}{A_L}\right) - \frac{1}{\sigma}\left(\frac{H}{L}\right) \tag{4}$$

この (4) 式は賃金格差のメカニズムをとらえる重要なものであり，「Tinbergen の競争」(Tinbergen's race) と呼ばれる．というのも，(4) 式の右辺の第1項は高スキルと低スキルの技術格差 (A_H/A_L) が大きくなると賃金格差が拡大することを示す一方で，第2項は高スキルと低スキルの労働供給格差 (H/L) が大きくなると賃金格差が縮小することを示している．このため，賃金格差の動向は，スキル偏向的な技術革新 (A_H/A_L の上昇) と相対的な高スキルの労働供給増大 (H/L の上昇) のいずれが大きいかの「競争」によって決まると解釈できる．

より詳しくは，スキル偏向的な技術革新の影響は以下のように賃金格差を技術格差で偏微分することで得られる．

$$\frac{\partial ln\omega}{\partial ln\left(A_H/A_L\right)} = \frac{\sigma-1}{\sigma} \tag{5}$$

(5) 式に示されているように，スキル偏向的な技術革新によって賃金格差が拡大するのは代替の弾力性が1を上回るケースのみであり，1を下回るケースでは逆の帰結が得られる．ただし，Acemoglu and Autor (2011) も説明しているように，多くの実証研究が代替の弾力性は1を上回るという推計結果を提示しており，ここでは $\sigma > 1$ を仮定する[4]．

一方，高スキル労働が相対的に増加したときの賃金格差への影響は以下のように導出され，代替の弾力性 σ によらず，大学進学率の上昇などによって高スキル労働の供給が増えると，賃金格差は縮小することがわかる．

$$\frac{\partial ln\omega}{\partial ln\left(H/L\right)} = -\frac{1}{\sigma} < 0 \tag{6}$$

2.1.3　スキルプレミアムモデルの説明力：SBTC 仮説

このように (4) 式で示されるスキルプレミアムモデルは，高スキル労働に対

---

[4] Heckman et al. (1998) や Freeman (1986)，野呂・大竹 (2006)，Kawaguchi and Mori (2014) などの研究によると，代替の弾力性の推計値は1を上回る．

するスキル偏向的技術革新と相対的な高スキル労働の供給の2つの要因で賃金格差を説明するものであり，欧米や日本における賃金格差の推移をとらえることができる意味で，実証的なパフォーマンスが優れている．また，スキル偏向的技術革新によって賃金格差が生じることはSBTC仮説と呼ばれている．

スキルプレミアムの実証的なパフォーマンスについて，Katz and Murphy（1992）は，米国の1960年代から1980年代の時系列データをもとに，高スキルと低スキルの技術格差（A_H/A_L）をタイムトレンドで捉え，（4）式を推計した．その結果，図2.1にみられるような1970年代の賃金格差の縮小傾向は高スキルの労働供給（大卒進学者）の増加によって説明できるとともに，1980年代以降の賃金格差の急激な拡大は高スキルの労働供給の減少によって説明できることを確認した．つまり，賃金格差の縮小・拡大のメカニズムとして，相対的な高スキル労働者の供給の動向が重要であるといえる．

同様の検証は，日本においても，野呂・大竹（2006）やKawaguchi and Mori（2014）などによって実施されている．たとえば，Kawaguchi and Mori（2014）は，日本では1990年代に大卒と高卒の賃金格差が安定的に推移していたが，その理由としては，大学進学率の上昇に伴って相対的に大卒の労働供給が増加したことが大きいと指摘している．なお，櫻井（2004）もスキル偏向的な技術革新の存在を検証し，日本で高スキル労働への需要の高まりがあったことを指摘している．

これらの先行研究を踏まえると，日本では技術革新によって高スキル労働への需要が高まったものの，大卒による高スキル労働の供給も増加したために，米国のような賃金格差の拡大が少なくとも1990年代まではみられなかったと整理することができる．

なお，高スキルに偏向的な技術革新が労働需要に与える影響については，労働者のミクロデータを用いて，コンピュータなどのIT技術を仕事に用いている人ほど賃金が高いかを検証した研究もいくつか存在する．たとえば，Krueger（1993）は，アメリカの労働者のミクロデータを用いて，仕事でコンピュータを利用している人の賃金が15％程度高くなることを示しているほか，清水・松浦（2000）も日本において同様の影響が観察されることを確認している．ただし，ドイツの労働者のミクロデータを用いたDiNardo and

Pischke（1997）は，コンピュータ利用による賃金の上昇の因果関係はむしろ逆で，もともと能力が高く賃金の高い人がコンピュータをより多く利用していることが実態であると指摘している．こうした因果関係を統計的に踏まえたうえで日本の労働者のパネルデータを用いて同様の検証を行った小原・大竹（2001）によると，コンピュータ利用の賃金へのプラスの影響は学歴の高い労働者のみでしか確認できないことを指摘している．

2.1.4　スキルプレミアムモデルの限界

　以上のように，スキルプレミアムモデルは賃金格差と技術革新の関係性をとらえるのに有用な分析モデルといえるが，特に1990年代以降の米国のデータとの整合性が低下するといった問題点も存在する．たとえば，上述のKatz and Murphy（1992）の分析では1980年代までは（4）式で米国の賃金格差をほぼ正確に説明できていたものの，Acemoglu and Autor（2011）が1990年代以降まで予測期間を延ばしたところ，モデルの説明力が大きく低下したと指摘している．

　こうした点も含め，Acemoglu and Autor（2011）はスキルプレミアムモデルの問題点を列挙しているが，AIやロボットなどのインテリジェントICTの普及が労働市場に与える影響を検討する際に重要となるものとして，以下の3点を挙げることができる．

〈スキルプレミアムモデルの問題点〉
1. 中間層が減少し，低所得層と高所得層に分化した「雇用の二極化」現象を説明できない．
2. スキルとタスク（職種）を区別していないため，職種構成の変化を説明できない．
3. 技術革新が生産要素増大型（factor-augmenting form）なので，新たな技術（ITやAI，ロボットなど）が特定の労働やタスクを置き換えることを説明できない．

2.2 雇用の二極化の進展とタスクモデル

2.2.1 米国における雇用の二極化

スキルプレミアムモデルが説明できない労働市場の「雇用の二極化」現象とは，図2.2に示されるものである．図2.2は米国において1980年から2005年までの職種別の雇用シェアの変化について，1980年時点の平均賃金ごとにプロットしたものであり，横軸は右に位置するほど高賃金で高スキルの職種であることを示し，縦軸は0であれば雇用者数に占めるシェアは変化しておらず，0よりも上に位置するほどシェアがより高まったことを示す．

図2.2をみると，賃金が上位40％程度の高スキルが要求されるような職種では雇用シェアが高まっており，ITなどの技術革新によって高スキル労働者の需要が増大した可能性が示唆される．一方，図2.2で注目されるのは，賃金が下位15％程度の低スキル労働の職種についても雇用シェアが高まっていることである．また，雇者シェアは低スキル労働と高スキル労働で上昇したのに対して，中程度のスキルの労働ではシェアが減少しており，中間層から低所得層・高所得層への雇用のシフトが生じていることも把握できる．

スキルプレミアムモデルの枠組みでは，技術革新が進むと低スキル労働の

図2.2 米国における雇用の二極化

雇用シェアの変化幅（近似曲線，％ポイント、1980-2005年）

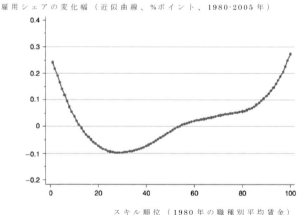

スキル順位（1980年の職種別平均賃金）

資料）Autor and Dorn（2013）のFigure 1を引用．

需要が減少するため，雇用シェアも減少することになるが，米国のデータで
はそのようになっていない．また，Acemoglu and Autor（2011）や他の多くの
先行研究では，こうした雇用の二極化の現象は米国だけでなく，ほとんどの
先進国で生じていることも指摘している．日本においても池永（2009, 2011）
や池永・神林（2010）による指摘が存在する[5]．

2.2.2　タスクモデルの概要

　こうしたスキルプレミアムモデルの限界を踏まえ，労働経済学の研究で
は，雇用の二極化を説明するモデルとしてタスクモデルが開発された．タス
クモデルでは，1人の労働者が従事する仕事にはさまざまなタスクがあり，
そのタスクに応じて労働需要と労働供給が決まり，賃金が設定されることを
想定する．また，タスクには高いスキルを必要とするものから低いスキルで
遂行できるものまでさまざまなものがある．たとえば，経理の仕事には，日々
支払った経費を集計するようなルーティンタスクがあれば，財務諸表をもと
に企業の資金の流れの効率性をチェックし，会議などで意見交換しながら検
討するノンルーティンな分析・相互タスク，さらには，帳簿の原本のさまざ
まな紙を決められた期間保管するためにファイリングをするノンルーティン
な手仕事タスクもある．

　ここで，IT化が進めば，経費の集計というルーティンタスクは労働者で
はなくコンピュータやシステムで安価に実施可能となるため，そうしたルー
ティンタスクの労働者への労働需要は減少し，賃金は低下する．一方で，IT
化が進展しても判断を要するノンルーティンタスクは労働者にしかできない
ため，財務諸表のチェックといったノンルーティンな分析・相互タスクへの
労働需要は相対的に増加する．さらに，紙のファイリングというタスクはコ
ンピュータや機械よりも労働者が実施したほうが安価であるため，そうした
ノンルーティンな手仕事タスクへの需要も相対的に増加する．

　つまり，IT化という技術革新は，データ集計や紙のファイリング，財務
諸表のチェックといったタスクの種類に応じて労働者への需要に異なる影響

---

[5] この点については4章でもデータを用いて確認する．

を与えるものであり，必ずしも必要とされるスキルの高低とは関係しないことになる．経理の例では，データ集計といったルーティンタスクへの労働需要が減少する一方で，紙のファイリングや財務諸表のチェックといったノンルーティンタスク（分析・相互や手仕事）への労働需要は相対的に増加する．

　注目すべきは，財務諸表のチェックには高いスキルが必要とされる一方で，紙のファイリングは低いスキルで十分に遂行できる点である．紙のファイリングのような低スキルのタスクへの労働需要が増加することは，まさに図2.2で確認した二極化の1つの極に対応する．コンピュータに代表されるITの普及は，それまで中間層が従事していたルーティンタスクを代替し，多くのホワイトカラーや一部のブルーカラーの労働者の雇用が減少した．しかし，ITには限界があって，人の手や目，思考などを要しないと遂行できないタスクは多くある．そのため，人手が必要となる手仕事タスク，とりわけ対顧客サービスや人との対話，運転，保守，修理などのタスクが多く含まれる仕事への労働需要は相対的に高まる．その結果，判断や知識，コミュニケーションが必要とされる高賃金の知的労働とともに，手仕事が必要とされる低賃金の肉体労働の労働需要が増加し，雇用の二極化が生じる．こうしたメカニズムで雇用の二極化を説明できるのがタスクモデルである．

　タスクモデルにはさまざまなタイプがあるが，いずれも上述のような仕事のタスクに注目し，コンピュータの普及などのIT化の影響を捉えようとする点では共通する．以下では，タスクモデルのなかでも先駆的で最も理解しやすいAutor, Levy, and Murnane (2003) を例に，概要を説明したい．このモデルは3人の著者の頭文字をとってALMモデルとも呼ばれる．

　Autor, Levy, and Murnane (2003) によるALMモデルでは，タスクをルーティンとノンルーティン（分析・相互と手仕事）の2種類に分け，ルーティンタスクはコンピュータなどのITと完全代替にあることを想定し，以下のコブダグラス型の生産関数を用いている．

$$Y = (L_R + C)^{1-\beta} L_N{}^{\beta} , \quad \beta \in (0,1) \tag{7}$$

　ここで，L_RとL_Nはそれぞれルーティンタスクとノンルーティンタスクの労働供給の総量で，それぞれ個々の労働者が非弾力的に供給するルーティン

とノンルーティンのタスクを労働市場全体で合計したものと定義できる．また，CはコンピュータなどのIT資本，βはノンルーティンタスクの分配率，Yは付加価値である．

スキルプレミアムモデルと同様に，完全な労働市場を仮定すると，ルーティンタスクとノンルーティンタスクの賃金は限界生産力と等しくなり，それぞれ以下の (8) 式と (9) 式のように表せる．

$$W_R = \frac{\partial Y}{\partial L_R} = (1-\beta)\,\theta^{-\beta} = \rho \tag{8}$$

$$W_N = \frac{\partial Y}{\partial L_N} = \beta\theta^{1-\beta} \tag{9}$$

(8)式のρはIT資本の価格であり，IT資本はルーティンタスクと完全代替と仮定しているため，双方の価格は一致することになる．よって，スキルプレミアムモデルではスキル偏向的技術革新を高スキルと低スキルの技術格差 (A_H/A_L) の拡大としてとらえていたが，ALMモデルではIT資本の価格ρの低下を技術革新として解釈する．つまり，IT化が進展するほどIT資本の価格が低下するために，ルーティンタスクの労働需要からIT資本への需要のシフトが生じ，結果的にルーティンタスクの賃金が低下することになる．

また，労働市場には低スキルから高スキルまでさまざまな労働者が存在し，スキルの高い労働者ほどノンルーティンタスクを供給できると想定する．このため，均衡においては，ルーティンタスクとノンルーティンタスクのいずれを供給しても効用が最大化できる限界的な労働者が存在する．その労働者が供給できるルーティンタスクとノンルーティンタスクの比率をη^*とすると，ルーティンとノンルーティンのタスクの均衡での比率は以下の (10) 式で表される．

$$\theta = (\mathrm{g}(\eta^*) + \mathrm{C})/\mathrm{h}(\eta^*) \tag{10}$$

以上のセットアップを用いて，IT化による技術革新の影響を考えてみると，まず，(11) 式に示したように，IT化はノンルーティンタスクとルーティンタスクの間の賃金格差 (W_N/W_R) を拡大させることがわかる．これはIT資本との完全代替は (8) 式のようにルーティンタスクでのみで，(9) 式のよう

16

にノンルーティンタスクはIT資本の価格の影響を受けないことが仮定されているからである.

$$\frac{\partial \ln (W_N / W_R)}{\partial \ln \rho} = - \frac{1}{\beta} \tag{11}$$

さらに,(12)式に沿って,技術革新はルーティンタスクの相対的な供給(η^*)を減らし,結果的にルーティンタスクの仕事(θ)が減少することがわかる.

$$\frac{\partial \ln \eta^*}{\partial \ln \rho} = \frac{1}{\beta} \tag{12}$$

技術革新によってルーティンタスクの賃金が低下すると,限界的な労働者はルーティンではなくノンルーティンタスクを供給するようになるため,ルーティンタスクを従事する労働者が相対的に減少する.

このように,ALMモデルに代表されるタスクモデルでは,IT資本との代替の有無をタスクごとに仮定することで,賃金格差の拡大とともに,ルーティンタスクが減少し,ノンルーティンの低スキル(賃金)タスクと高スキル(賃金)タスクの双方が増加する雇用の二極化を説明することに成功している.

2.2.3 タスクの分類

タスクモデルの実証分析では,いくつかのタスクの分類方法が試されている.たとえば,上で紹介したAutor, Levy, and Murnane (2003) は,表2.1のようにタスクをルーティンとノンルーティンに分けるだけでなく,それぞれを分析・相互と手仕事(マニュアル)にも分類し,IT資本との代替や補完の関係をとらえている.また,Acemoglu and Autor (2011) ではルーティン,ノンルーティン抽象タスク,ノンルーティン手仕事タスクの3つに分類している.そのうえで,これらタスクと標準職業分類を対応させ,ノンルーティン抽象タスクは専門・技術・管理的,ノンルーティン手仕事タスクはサービス,ルーティンタスクは事務・販売の職業との関連性が高いと指摘している.このほか,男女間賃金格差の変化をタスクモデルで説明したYamaguchi (2013) ではタスクを運動(Motor)と認識(Cognitive)の2つに分けた分析も行っている.

表2.1 **ALM**によるタスク分類

	ルーティンタスク	ノンルーティンタスク
	分析・相互（Analytic and interactive）タスク	
例	・記録 ・計算 ・繰返型の顧客サービス 　（例：銀行窓口）	・仮説の設定・検証 ・医療診断 ・法律文書作成 ・営業・販売 ・管理監督
ITの影響	・大規模な代替	・強い補完
	手仕事（Manual）タスク	
例	・選定・並び替え ・繰返型の組立て	・手作業 ・トラック運転
ITの影響	・大規模な代替	・限定的な代替か補完

備考）Autor, Levy, and Murnane（2003）より引用.

　このようにタスクはいくつかに分類されるが，いずれのタスクも労働市場で明確に観察されるわけではない．このため，多くの先行研究では，労働者の職業をもとに，各タスクへの分類を行っている．仕事を遂行するためにはさまざまなタスクが必要となり，職業によってタスクの構成は異なる．たとえば，専門・技術・管理的職業では，ルーティンタスクも必要ではあるが，圧倒的にノンルーティンで抽象的なタスクが多く求められる．一方で，事務の職業では，ルーティンタスクが多く必要とされる．

　こうした職業とタスクの対応関係は，アメリカの「O*NET」（North Carolina Department of Commerce）という職業データベースをもとに構築されることが一般的である．O*NETは900以上の職業について，創造的な思考や機械・機器の制御，車両や機械の運転操作など，さまざまな職務・業務内容を指標化している．各指標はタスクに対応させることができるため，労働者の職業が把握できれば，各タスクがどの程度必要とされる仕事をしているかを明らかにすることができる．先行研究では，このようにして職業情報からタスクへの変換を行って，分析に用いている．

　なお，日本においてもアメリカのO*NETと類似した職業データベースとして，「キャリアマトリックス」（労働政策研究・研修機構）があり，池永

(2009) などでは『国際調査』の職業小分類の情報をキャリアマトリックスを用いて5つのタスクへ分類している．また，池永・神林 (2010) では，O*NETとキャリアマトリックスの比較を行い，トレンドでみれば両者の違いは小さいことを明らかにしている．ただし，キャリアマトリックスは2011年以降は作成されておらず，近年の日本においては，職業情報をもとにタスクを割り当てることは難しくなっている．

　一方，タスクの分類方法としては，職業情報を使わずに，労働者に直接従事しているタスクの内容をアンケート調査で把握する方法も開発されている．たとえば，Autor and Handel (2013) では，プリンストン大学が実施したアンケート調査「PDII」(Princeton Data Improvement Initiative survey) を用いて，労働者ごとにルーティンとノンルーティンのタスクの大きさを主成分分析で指標化し，どのようなタスクの構成になっているかを特定している．Autor and Handel (2013) は職業情報をもとにタスクを分類した場合との比較も行っており，同じ職業であっても個々の労働者が遂行しているタスクには違いがみられることを明らかにしている．同様に，Spitz-Oener (2006) もドイツのデータを用いて同様の検証を行い，タスクの違いは職業間よりも職業内のほうが大きいことを指摘している．

2.2.4　タスクモデルの説明力：Routinization 仮説

　タスクモデルはさまざまな国や地域で実証分析に適用され，コンピュータの普及に代表されるIT化がルーティンタスクを減らしたという多くの結果が導出されている．また，タスクに注目して労働市場の二極化を説明することは，SBTC仮説と対比して，Routinization 仮説（定型化仮説）とも呼ばれている．

　まず，Autor, Levy, and Murnane (2003) はタスクモデルを理論的に構築するだけでなく，アメリカのデータを用いて，コンピュータやシステムなどのIT技術はルーティンタスクを代替するとともに，ノンルーティンタスクを補完するために，雇用の二極化が生じたことを実証している．また，Goos and Manning (2007) はイギリス，Spitz-Oener (2006) はドイツ，Adermon and Gustavsson (2015) はスウェーデンについて，1980年代以降にALMの指摘と

同様のメカニズムで雇用の二極化が観察されることを指摘している．さらに，Goos, Manning, and Salmons（2009）は，ヨーロッパ16ヶ国を対象とした分析を行い，1990年代以降に雇用の二極化が多くの国で観察され，その背景としてRoutinization仮説があることを述べている．

このほか，Senftleben and Wielandt（2012）やAutor and Dorn（2013）はドイツやアメリカの国内の地域データを用いて，地域単位でみてもルーティンタスクがIT技術によって代替されていることを明らかにしている．また，Naticchioni, Ragusa and Massari（2014）は，産業単位でも同様にRoutinization仮説が示すようにIT技術が雇用の二極化をもたらしていることを確認している．さらに，Yamaguchi（2013）のように，Routinization仮説は男女間賃金格差にも影響を与えているとする研究もある．Yamaguchi（2013）はタスクを運動タスクと認識タスクに分け，男性がより多く従事する運動タスクの賃金が相対的に減少したために，アメリカで男女間賃金格差が縮小したことを明らかにしている．

日本におけるタスクモデルの先駆的な研究としては，池永（2009）が挙げられる．池永（2009）はAutor, Levy, and Murnane（2003）と同様の分析を日本のデータをもとに実施し，ITがルーティンタスクと代替関係，ノンルーティンタスクと補完関係にあることや，その結果としてノンルーティンタスクが増加していることなどを確認している．ただし，事務などのルーティンタスクが増加傾向にあることやノンルーティンタスクのうち手仕事タスクはITと代替関係にあることなど，欧米の研究とは異なる特徴がみられることも指摘している．また，池永・神林（2010）では，職業とタスクの紐づけをより精緻化したうえで各タスクの推移を確認したところ，ルーティンタスクの減少傾向とノンルーティンタスクの増加傾向が1960年以降にみられることを示している．

さらに，地域単位でのRoutinization仮説についても池永（2011）が各タスクの変化を計測している．また，野原（2016）はAutor and Dorn（2013）に準拠して，地域毎のルーティンタスクのシェアとITの導入の関係を検証し，Routinization仮説がおおむね成立することや，地域単位での所得格差の拡大や失業率の偏在が生じる可能性があることを指摘している．一方，男女間賃

金格差についても伊藤（2016）は Yamaguchi（2013）に準拠した検証を日本について実施し，日本でも運動タスクの減少によって男女間賃金格差が縮小する傾向はみられるものの，認識タスクのうち分析志向の強いタスクには女性が就きにくくなっていることが男女間賃金格差の拡大要因になっていることを明らかにした[6]．

　なお，タスクモデルによれば，（11）式で示されるように，技術革新による IT 資本の価格低下によって，ルーティンタスクの賃金が低下するものの，ノンルーティンタスクの賃金は影響を受けない．このため，技術革新によって，ルーティンタスクに多い中程度の賃金が低下し，ノンルーティンタスクに多い分析・相互型の高賃金と手仕事型の低賃金は変わらないといった「賃金の二極化」も生じることが示唆される．ところが，賃金の二極化が観察されるのは Autor and Dorn（2013）などで確認されたアメリカが中心であって，欧州諸国や日本では必ずしも観察されないことが Antonczyk, DeLeire and Fitzenberger（2010），Senftleben and Wielandt（2012），McIntosh（2013），Naticchioni, Ragusa and Massari（2014）などで示されている．

　ただし，日本については，三谷・小塩（2012）が『賃金構造基本統計調査』のマイクロデータを用いて行った分析によると，アメリカと同様に，賃金の高い職業と賃金の低い職業で労働者数が1989年から2004年にかけて増加した一方で，中間の賃金の職業で減少したことが確認されており，賃金の二極化が生じていた可能性がある．

　以上のように，日本で部分的にルーティンタスクの増加傾向がみられたり，賃金の二極化については必ずしも多くの国では観察されていなかったりするなど，一部に非整合的な点も存在するものの，総じてみれば，多くの国や地域で ALM の Routinization 仮説が成立していると整理することができる．

---

[6] このほか，『賃金構造基本調査』のマイクロデータを用いて賃金関数の推計を行った三谷・小塩（2012）によると，日本の賃金決定において職種・職階の説明力が増加傾向にあり，タスクの重要性が高まっていることを確認している．こうした傾向は Acemoglu and Autor（2011）によってアメリカでも確認されており，タスクモデルと整合的といえる．

第3章

人工知能やロボットなどの技術革新の
労働市場への影響予測：
AI技術失業説

　前章でみたタスクモデルは，AIやロボットなどのインテリジェントICT
の技術革新・普及が労働市場に与える影響を考えるうえで有用である．とい
うのも，そもそもタスクモデルを提唱したAutor, Levy, and Murnane（2003）
は，コンピュータに代表されるITが労働市場に与える影響をとらえること
を問題意識に持っており，労働者が行っているさまざまなタスクのうち，IT
に置き換えられるタスクは何かといった疑問に答えるためのモデルがタスク
モデルだからである．そこで，以下ではタスクモデルによって技術革新がさ
らに進んでインテリジェントICTが社会経済に普及した際に，労働市場でど
のような変化が生じうるかを検討してみたい．

3.1　タスクモデルに基づくインテリジェントICT化の
　　　労働市場への影響

　タスクモデルを開発したAutor, Levy, and Murnane（2003）が想定したITは，
あらかじめ設定された指示やアルゴリズム，プログラムのもとで，与えられ
た条件に応じて適切な作業を行うものであり，単純作業や反復的な作業など
のルーティンタスクを置き換えるものであった．そのために，1980年代以降，
IT資本の価格が低下し，広く社会経済に普及する過程で，労働者の担うルー
ティンタスクがITに代替された．しかしながら，指示を出すタスクやプロ
グラム設定を行うタスク，判断・思考を必要とするタスク，想定されない条
件に応じて行うタスクなど，労働者が遂行する知的労働や肉体労働などのノ
ンルーティンタスク（分析・相互と手仕事タスク）については，ITでは行う
ことができないため，労働者への需要が相対的に高まった．そして，ノンルー

23

ティンタスクは高スキル（賃金）のものと低スキル（賃金）のものに分かれる
ため，雇用や賃金の二極化が生じた．

　ここで注目されるのは，サービスや肉体労働などのノンルーティン手仕事
タスクへの需要の高まりは，ITによって職を取って代わられた事務や工場
作業などのルーティンタスクに従事していた労働者の雇用の「受け皿」とし
て機能したことである．つまり，ITの普及はたしかにルーティンタスクに
従事していた労働者の職を奪ったものの，IT技術にはできないノンルーティ
ンタスクが残されていたため，ルーティンタスクを行っていた労働者も低ス
キルのノンルーティンタスクにシフトすることができた．よって，ITの普
及によって所得・賃金の格差は拡大したが，大量の失業が発生することには
つながらなかったといえる．

　ところが，ITと異なり，AIやロボットなどのインテリジェントICTの技
術革新の影響は，これまでは労働者にしかできなかったノンルーティンタス
クにまで及ぶと想定されている．このため，インテリジェントICTは労働市
場にこれまで以上の大きなインパクトを与える可能性がある．なぜならば，
AIやロボットの性能が高まり，労働者の賃金よりも低い価格でノンルーティ
ンタスクが行えるようになると，ITに職を奪われたルーティンタスク従事
者の「受け皿」が消失してしまい，結果的に大量の失業が発生すると懸念さ
れるからである．

　たとえば，自動車の自動運転の技術が普及し，低価格で人やモノの輸送が
可能になれば，大量のドライバーの職が無くなる．同様に，製造現場でのロ
ボティクスの普及は工場労働者をこれまで以上に減らすことになる．また，
音声認識・合成と自動応答の技術が低価格で普及すれば，カスタマーサービ
スのオペレーターの職も無くなる．画像認識の技術革新によって，事務の仕
事に残されていた紙のファイリングなどのタスクも無くなる．

　さらに，AI技術の進展は，低スキルだけでなく高スキルのノンルーティ
ンタスクも人を介さずに遂行できるようになるといわれている．たとえば，
病気の診断，銀行の融資や保険加入の審査，裁判における量刑の判断などは，
従来までは労働者の高いスキルが必要とされるノンルーティンタスクであっ
た．しかし，ビッグデータとAIの組合せによって，過去の事例（症例，リ

スク，判例など）をもとに機械が労働者以上の適切な判断を行えるようにな
り，多くの医師や銀行・保険の職員，弁護士・裁判官の仕事が不要になると
も危惧されている．加えて，将来的に複数のAIがネットワークでつながり，
数多くのタスクを行う汎用AIが普及すれば，労働者の大方のタスクが人を
介さずに遂行できるようになるとも言われている．

3.2 AI技術失業に関する指摘

このように，AIやロボットがノンルーティンタスクも労働者より安価に
行えるようになると，いわば「AI技術失業」といった大量の失業が世界各国
で生じる深刻な事態に陥る可能性がある．AI技術失業に関する予測や指摘
は，労働経済学の研究から啓蒙的な書籍・雑誌まで，さまざまな形で出され
ている．そこで，AI技術失業を指摘する代表的な文献を簡単に整理したう
で，AI技術失業説に関する留意点をまとめてみたい．

3.2.1 オックスフォード大学のフレイ氏とオズボーン氏らによる指摘

Frey and Osborne（2013）は「将来の雇用（The Future of Employment）」とい
うタイトルで，今後10～20年でAIやロボットが普及することで，アメリカ
の702職種の雇用の47パーセントがインテリジェントICT技術に置き換わ
るリスクがあることを指摘しており，大きな注目を集めている．日本の雑
誌・テレビなどのマスコミでしばしば報じられる「消える職業」のリストや
その割合の大きさなどは，ほとんどがFrey and Osborne（2013）による推計結
果に基づいており，AI普及の未来像が労働者にとって必ずしも望ましいも
のではなく，職がなくなるリスクが伴うことへの警鐘を鳴らす際のエビデン
スとなっている．

Frey and Osborne（2013）はALMによるタスクモデルに準拠しており，労
働者のタスクを技術で置き換えやすいものとそれ以外の2つに区別してい
る．ただし，ALMと違ってFrey and Osborne（2013）は，機械学習やロボティ
クスの普及によって，AIやロボットなどのインテリジェントICTがノンルー
ティンタスクもできるようになることを想定する．そのため，Frey and Os-
borne（2013）のモデルでは，労働者のタスクをルーティンとノンルーティン

ではなく，コンピュータ化[7]されるタスク（susceptible task）とされないタスクの2つに区別している．そのうえで，Frey and Osborne（2013）は，技術革新による価格低下によってコンピュータ化されるタスクはAIやロボットなどのインテリジェントICTに代替され，労働者はコンピュータ化されないタスクへシフトする可能性を示している．

さらに，Frey and Osborne（2013）はアメリカの職業データ「O*NET」を用いて702の職業ごとにコンピュータ化されやすい要素がどの程度含まれているかを以下の方法で実証的に明らかにしている．

〈インテリジェントICT技術への代替確率の算出方法〉

1. アメリカの代表的な70の職種を取り上げ，機械学習の研究者に将来的にAIやロボットに置き換えられるか否かについて主観的に予測をしてもらう．具体的には，「ビッグデータの利用を条件として，この職業のタスクはコンピュータで制御された機器で十分に遂行できるようになりますか」という質問に対する機械学習の研究者の回答から，すべてのタスクが完全にコンピュータ化されると判断できる職業に1，それ以外の職業に0を割当て，主観的な代替区分を作成する．

2. O*NETから70の職業それぞれについて，認識・操作性（Perception and Manipulation），創造知性（Creative intelligence），社会知性（Social intelligence）といったAIやロボットに代替されるかどうかに関係する3つのスキルがどの程度必要とされるかを変数化する[8]．

3. 1で作成した主観的な代替区分（機械学習の研究者が予想したAIやロボットとの代替の有無）と2で作成した職業ごとの3つのスキル変数がどのような関係にあるかをロジットモデル等に基づく回帰分析で推計し，両者の関係性を明らかにする．3つのスキル変数の大きさによってコンピュータ化される確率がどのように異なるかを推計すること

---

[7] Frey and Osborne（2013）は明示的にAIとは呼ばず，機械学習やロボティクスが活用された技術の進歩・普及を広くコンピュータ化と呼んでいる．

[8] Frey and Osborne（2013）によると，これらの3つの要素が強い職業はコンピュータ化されにくく，今後10〜20年で雇用が代替される可能性は低いと述べている．

で，70の職業の主観的な代替区分が1になる確率を予測する．

4. 残りの632の職種については，まずは，2のようにO*NETから3つの
スキル変数の大きさを算出し，変数化する．次に，3のロジットモデ
ル等の推計結果（パラメータ）を用いて，主観的な代替区分が1にな
る理論的な確率を予測する．つまり，632の職業については，機械学
習の研究者の主観的判断を直接用いるのではなく，代表的な70の職
業から得たスキル変数と代替の関係性（パラメータ）を適用すること
で，AIやロボットに代替される確率を予測する．

以上の方法で702の職業についてAIやロボットなどのインテリジェント
ICTに代替される確率を予測し，Frey and Osborne（2013）は表3.1のような整
理を行っている[9]．

さらに，Frey and Osborne（2013）は低賃金・低学歴な労働者ほどAIやロ
ボットなどのインテリジェントICTに代替されやすい傾向にあることも実証
している．そのうえで，これまでの技術失業を振り返り，19世紀は相対的
に高スキルな労働者との代替，20世紀は中賃金労働者との代替，今後は低
賃金・低学歴労働者との代替が主流になると述べている．

なお，デロイトトーマツ社はFrey and Osborne（2013）と同じフレームワー
クをイギリスのデータに適用し，AIやロボットなどのインテリジェントICT

表**3.1**　Frey and Osborne（2013）による雇用の代替確率

AI・ロボット との代替確率	職業	労働者 シェア
高リスク	運輸・輸送，事務，生産工程，サービス，営業，建設など	47%
中リスク	修理・修復など	19%
低リスク	管理，経営，金融，コンピュータ工学，教育，ヘルスケア， 　メディアなど	33%

備考）Frey and Osborne（2013）をもとに作成．

---

[9] Frey and Osborne（2013）は，技術革新は雇用を代替する雇用喪失効果と生産性を高
めて実質所得が上昇して労働需要が増加する雇用創出効果の双方があるが，雇用喪
失効果が上回ることを指摘している．

に代替されうる職業が労働者の35%であることをフレイ氏とオズボーン氏との共同研究として発表している．また，野村総合研究所もフレイ氏とオズボーン氏との共同研究結果として，日本ではAIやロボットなどのインテリジェントICTに代替されうる労働者は49%と，アメリカやイギリスよりも多くなる予測を発表している．

3.2.2　MIT大のブリニョルフソン氏とマカフィー氏による指摘

Brynjolfsson and McAfee（2011, 2014）は『機械との競争』と『ザ・セカンド・エイジ・マシン』という邦題の著書において，技術革新と雇用の関係を幅広く論じている．技術革新によって雇用が奪われることへの危機感は「ラッダイト運動」に代表されるように，産業革命の頃から繰り返し議論されてきた．しかし，Brynjolfsson and McAfee（2014）の整理では，経済学では伝統的に，技術革新で一部の労働者の職が奪われて一時的には失業が発生するとしても，新たな技術を活用した経済成長や新たな仕事の出現によって雇用はいずれ創出されるといった考え方が多数派であった．

このため，ケインズの指摘した技術失業は「ラッダイトの誤謬」として片付けられ，近年でも技術革新による失業を主張する研究者の大半は「主流派に属性していない」とBrynjolfsson and McAfee（2014）は述べている．しかし，Brynjolfsson and McAfee（2014）によると，「ラッダイトの誤謬」は1990年代後半頃までは当てはまり，新しい技術によって生産性が高まり雇用も増加していたが，それ以降は生産性対比でみて雇用が伸び悩んでいるため，技術失業が懸念される．また，Brynjolfsson and McAfee（2011）は，アメリカの雇用が近年伸び悩んでいることの背景として，①単に景気回復の度合いやスピード遅いことが原因であるとする「景気循環説」，②景気循環ではなく構造的に技術革新や生産性の伸びが低迷する時期に入ったとする「停滞説」[10]，③ITなどが技術失業をもたらしているとする「雇用の喪失説」の3つを検討し，技術革新による雇用の喪失説が支持されることも述べている．

さらに，Brynjolfsson and McAfee（2011, 2014）は，「ラッダイトの誤謬」が

---

[10] この説はCowen（2011）やSummers（2014）によって指摘されている．

成り立たない理由として，現在進行している技術革新のスピードが従来より
も大幅に速いことを指摘する．「ムーアの法則」[11]と呼ばれる指数関数的な技
術革新が続くと，今後の技術革新は従来とは比べものにならないスピードに
なる．自動運転車の開発に代表されるような過去数年の技術革新はその現れ
であり，今後はもっと多くのイノベーションが出現するという．

このほか，Brynjolfsson and McAfee（2014）は，過去を振り返ると，新たな
技術の導入が生産性を向上させるには数年から数十年のタイムラグがかかる
「生産性のパラドックス」がみられたことを指摘している．そして，その原
因として，新たな技術の普及が生産性の向上や雇用の増加につながるには，
企業や産業のレベルで経営や組織のあり方を改革する「補完的イノベーショ
ン」が起きる必要があり，そこに時間を要したと述べている[12]．

ところが，近年のAIやロボットなどインテリジェントICTの技術革新の
スピードは非常に速いため，補完的イノベーションが追い付かず，経済成長
による雇用拡大がみられない一方で，新たな技術による雇用の代替が生じて
いる可能性があるという．このため，Brynjolfsson and McAfee（2014）は，AI
やロボットなどのインテリジェントICTの普及は，生産性が向上して経済成
長することで豊かさをもたらす前に，技術失業などを通じて格差をもたらす
ことが懸念されると警鐘を鳴らしている．

3.2.3　その他の指摘

Ford（2009, 2015）は『テクノロジーが雇用の75％を奪う』と『ロボットの
脅威』という邦題の著書において，インテリジェントICTによって雇用が奪
われることを説得的に主張している．Ford（2009, 2015）は，社会において
AIやロボットの開発・導入が著しいにもかかわらず，経済学者を中心に，
その雇用への負の影響を「ラッダイトの誤謬」として軽視していることに対

---

[11] 半導体の集積率などの技術の性能が18～24ヶ月ごとに倍増するとした経験則で，イ
ンテル社の創業者の1人であるムーア氏によって指摘された．

[12] 例示として，Brynjolfsson and McAfee（2014）は，エネルギーが蒸気から電気に切り
替わったときにも，電気設備の導入が生産性向上に結びつくまでに20年程度かかっ
ており，「生産性のパラドックス」が生じたと指摘している．

して，技術革新の具体事例を挙げながら批判している．Ford（2009, 2015）は
「ラッダイトの誤謬」は単なる歴史的な観察事実に過ぎず，今回の技術革新
には当てはまらないと指摘している．

　このほか，井上（2016）は汎用AIやロボットが普及した際には，創造性，
経営・管理，もてなしの3種類の仕事のみ存続すると予想し，それらの仕事
が管理・専門・技術的職業とサービス職に該当することから，人口の約1割
しか働かない未来が到来すると指摘している．

3.3　AI技術失業説の留意点

　前節で紹介した指摘は，労働経済学のタスクモデルに基づいて，AIやロ
ボットなどのインテリジェントICTが労働者の仕事のタスクを置き換わるリ
スクを強調したもので，示唆に富んでいるといえよう．しかし，こうした
AI技術失業説には，いくつかの仮定のもとで試算された実証分析に基づい
ていたり，雇用創出などの可能性ともあわせて慎重に議論する必要があった
りするなど，留意すべき点も少なくない．そこで，以下，それらの点につい
て言及したい．

3.3.1　「消える雇用」は主観的な予測に基づく

　AI技術失業の可能性として，半数近い雇用がインテリジェントICTに置
き換えられるリスクを持っているとするFrey and Osborne（2013）らの試算は
衝撃的ともいえる．しかしながら，上述したように，彼らの試算は機械学習
の研究者による主観的な予測に大きく依存しており，この点には留意が必要
である．

　Frey and Osborne（2013）の予測では，職業に含まれる3つのスキル変数の
大きさに応じてインテリジェントICTとの代替確率が変わることを仮定して
いるが，この点についてはALMなどの労働経済学で確立されたタスクモデ
ルに基づいており，頑健なアプローチといえる．また，職業によって3つの
スキル変数の大きさが変わるため，主要職業をサンプルに，インテリジェン
トICTとの代替の有無と3つのスキル変数の関係性を回帰分析によって推計
し，推定されたパラメータを用いて702の職業の代替確率を予測しているア

プローチも，説得力があるといえる．

　ところが，予測のコアとなる主要職業の代替の有無については客観的なデータではなく，機械学習の研究者による主観的予測を用いているため，結局はすべての職業の代替確率は主観的なものと見做さざるをえない．機械学習の研究者による主観的予測なので，その時点では最善の予測とも考えられる．しかし，近年のAIやロボットの技術は予想を上回るスピードで進歩している．AIが囲碁で人間の棋士に勝利するには10年はかかるといわれていたが，2016年3月にグーグルのDeepMindの開発したAIが天才棋士に勝利している．また，技術革新のスピードは技術の種類によっても異なると考えられる．このため，Frey and Osborne (2013) による予測は，技術によっては過大推計あるいは過小推計になっている可能性も指摘できる．

3.3.2　雇用との代替可能性は新技術の価格にも依存

　次に，雇用との代替可能性を予測する際には，インテリジェントICTが労働者と遜色なくタスクを遂行できるといった技術的な仕様も重要であるが，タスクモデルが仮定するように，インテリジェントICTの価格が労働者の賃金と一致していることが前提となる．つまり，どんなに技術が進んで労働者と同等にタスクをこなせるAIが開発されたとしても，その価格が賃金よりも高ければ実用化はされないため，労働者の雇用は減少しない．よって，雇用と置き換え可能な技術革新がどの程度のスピードで進むかは，価格面での考察も必要となる．しかし，AI技術失業を指摘する多くの議論では，こうした価格低下の視点は見落とされがちである．

　たとえば，Frey and Osborne (2013) が雇用との代替可能性について機械学習の研究者に質問した内容は，「ビッグデータの利用を条件として，この職業のタスクはコンピュータで制御された機器で十分に遂行できるようになりますか」というものである．つまり，質問は技術的な仕様に関する予測のみで，価格面が考慮されているかは定かではない．このため，Frey and Osborne (2013) によるインテリジェントICTへの代替確率の予測は過大になっている可能性もある．

　さらに，タスクモデルやAI失業を指摘する意見では，AIやロボットなど

の技術革新は，経済活動や労働市場の状況からの影響を受けずモデルの外で決まる「外生的」なものとして扱われることがほとんどである．しかし，需要や開発者間の競争戦略などによっても，研究開発投資や実用化へ向けた取り組みやファンディングが異なるため，インテリジェント ICT の技術革新は外生的でなく，「内生的」な要素も含まれるとも考えられる．

そのように考えると，インテリジェント ICT が雇用を代替するかは，経済や労働市場の状態にも依存する．たとえば，労働市場に高スキルで高賃金な労働者が多く存在し，また，AI の開発が盛んな経済においては，ノンルーティンタスクのうち高いスキルが必要とされる分析・相互タスクを置き換えるような技術革新が進み，その結果，医師や弁護士，銀行員などの高賃金の職業が代替される可能性がある．それらの職業を代替する技術は高度なもので開発・運用コストも高くなるかもしれないが，労働者の賃金も高いため，代替の可能性は十分にある．また，代替の余地があれば，それを見通して技術革新も進みやすいといえる．

逆に，低スキルで低賃金な労働者が多く存在する場合には，ロボティクスの技術革新が進み，ノンルーティンタスクのうちサービスや肉体労働などの手仕事タスクが置き換わりやすいとも予想できる．AI 失業の議論ではこうした経済や労働市場の状態はあまり考慮されておらず，留意が必要といえよう．

3.3.3　新技術による雇用創出の可能性

AI 技術失業説のように，一般的には，インテリジェント ICT の技術革新や普及は雇用を奪う側面があることが注目されている．しかし，Brynjolfsson and McAfee（2014）で慎重に議論されているように，多くの経済学者は伝統的に，新たな技術によって雇用が創出される可能性を主張しており，AI 技術失業の可能性を検討する際には，雇用創出についても目を向ける必要があろう．Frey and Osborne（2013）の予測には，そうしたインテリジェント ICT による雇用創出の可能性が十分には盛り込まれていないため，やはり雇用の代替確率を過大に予測していると指摘できる．

インテリジェント ICT の普及によって創出されうる雇用は，①インテリ

ジェント ICT を設計・開発・製造するために必要となるもの，②インテリジェント ICT を社会経済に広く普及させるために必要となるもの，③新技術の利活用によって生じる経済成長に伴うものの3つを挙げることができよう．①の開発にかかる雇用増加は，AI やロボット，IoT などのインテリジェント ICT 機器の設計・開発・製造をはじめとして第2次産業で生じると考えられる．さらに，クラウドやビックデータ収集のシステムの設計・構築，研究開発などで第3次産業での雇用も多く創出されることが期待できる．具体的な職業としては，コンサルタント，データサイエンティスト，デザイナー，アーキテクト，エンジニアなどが挙げられる．

　加えて，インテリジェント ICT の開発は利活用の実情に合わせて行われることも重要なため，ユーザー企業側での研究・開発・企画も進むと考えられ，広範な範囲での雇用創出も見込める．

　②のインテリジェント ICT の普及に必要となる雇用とは，新たに導入された技術の概要や使い方を労働者や企業，顧客に説明・案内したり，質問への対応を行ったり，管理・運営を行ったりする役割のほか，複数の AI を利活用する戦略を考案したり，新たなインテリジェント ICT の利活用を企画したりする役割を担うものなど，コンサルタント的な雇用がある．具体的な職業としては，コンサルタント，インストラクター，管理運用者（チューナー）などが挙げられる．

　さらに，Brynjolfsson and McAfee（2014）が主張する生産性向上に必要となる組織・経営改革などの補完的なイノベーションを起こすための雇用も増加すると考えられる．これらの役割は AI やロボットの技術の発展段階によっても変わってくるが，新たな雇用の受け皿として期待できよう．

　③の技術革新による経済成長については，インテリジェント ICT の利活用によって生産性が高まり，経済全体の潜在成長率の向上やパイの拡大を通じて，①や②の雇用やインテリジェント ICT に代替されない雇用の量が増えると考えられる．この点は経済学者が伝統的に主張してきたことであるが，Brynjolfsson and McAfee（2014）が指摘するように，雇用の創出にはインテリジェント ICT を正しく効果的に利活用するための組織・経営改革などの補完的なイノベーションが必要であり，それには数年から数十年のタイムラグが

かかることには留意すべきである．つまり，①や②の雇用創出に比べて③の雇用創出は遅れて実現すると予想されるため，特に技術革新のスピードが速いインテリジェント ICT に関しては，従来よりも①や②の雇用創出の役割が重要といえる．

3.3.4 どの程度のタイムスパンを射程とするか

インテリジェント ICT と雇用との代替を予測する際には，どの程度のタイムスパンを想定するかによって，結果が大きく変わることも留意が必要といえる．AI やロボットなどの技術革新のスピードは非常に速く予測しにくいため，長いタイムスパンを想定する際には，当然ながら大きな予測誤差が生じることを前提に議論しなければならない．上述の囲碁 AI の例のように，技術革新の動向は数年程度で大きく変わりうる．このため，10 年，20 年先までを射程とした予測の精度は疑ってかかるべきで，あくまでシナリオの 1 つとみなしたほうがいいといえる．

Frey and Osborne（2013）による雇用の代替確率の予測は，数値だけが一人歩きしているようにも見受けられるため，この点についての一般的なリテラシーを高めることも，インテリジェント ICT を社会経済に利活用していく際には必要といえよう．

また，インテリジェント ICT が究極的に進化し，汎用 AI がヒューマノイド型のロボットを扱うようになる世界の到来までを射程にする場合，雇用のあり方は大きく変わることを想定したほうがいいだろう．ほとんどの仕事が労働者を必要とせずに遂行され，上で論じた①〜③の雇用創出は行われず，汎用 AI とロボットで常にイノベーションと付加価値の産出がなされるようになる可能性がある．そのとき，人はインテリジェント ICT の生み出した付加価値を分配し合い，労働の代わりに余暇を謳歌するだけになるといった桃源郷的な予測もできよう．

ただし，こうした予測もやはりあくまでシナリオの 1 つとしてとらえるべきである．また，桃源郷的な状態は望ましい姿なのかもしれないが，その移行過程には大量の失業や所得格差，社会経済システムの転換，価値観の転換など，乗り越えなければならない多様な問題が多数あることは少なくとも認

識すべきであろう.

3.3.5 失業以外への影響

AIやロボットの労働市場への影響としては，失業や雇用，賃金などに焦点が当てられることが多いが，インテリジェントICTの普及は働き方にも大きな影響を与えうる．特に，インテリジェントICTの発展段階が低い時期は，労働者をサポートする形で新たな技術が導入されることが予想され，さまざまなプラスの影響が労働者に生じると予想される．

たとえば，コールセンターのオペレーターの仕事には，音声識別を行って顧客からの質問を解析し，正しい回答の候補を画面上に提示してくれるインテリジェントICTが導入されつつある．そうした技術の利活用によって，電話応答にかかる時間が節約できたり，難解な質問や理不尽な要求に適切に対応することができたりするなど，オペレーターの仕事が量的にも質的にも軽減される．その結果，過剰な長時間労働や労働強度が是正されたり，メンタルヘルスや仕事満足度が向上したりするなどのプラスの影響が生じると考えられる．

このほかにも，仕事を進めるうえで労働者がやりたがらない負荷やストレスの大きいタスクをインテリジェントICTで遂行してもらえるようになれば，労働者は働きがいのあるタスクに専念することができ，インテリジェントICTと労働者との共生が実現するといえる．

さらに，日本のように少子高齢化が進行し，人手不足が懸念されている状況においては，インテリジェントICTの利活用が人手不足の処方薬にもなりうる．労働力率[13]を高めるために女性活躍推進や高齢労働力の活用，障がい者雇用の増加などが必要とされているが，インテリジェントICTの利活用によって，女性や高齢者，障がい者でも小さい負荷で肉体労働に従事できるようになったり，在宅勤務が行いやすくなったり，仕事と生活・育児・介護などの両立がしやすくなったりすることが期待できる．

---

[13] 労働力率とは，労働力人口のどの程度が労働供給（就業＋失業）をしているかを示す労働力の活用度指標で，人口減少下でも労働力率が高まれば人手不足に対処できる．

もっとも，上述のように，こうした働き方をサポートするインテリジェント ICT のプラスの役割についてもタイムスパンを意識することが重要であり，技術の発展段階が進むと，むしろ労働者が希望する雇用自体がインテリジェント ICT に奪われてしまうマイナスの影響も生じうる．コールセンターのオペレーターの例で考えると，インテリジェント ICT がサポートしてくれる間は労働者にとって働きやすい職場環境が整備されるものの，技術革新によって AI が顧客対応をすべて遂行できてしまうようになると，オペレーターの仕事そのものが無くなり，失業してしまう．

すでに，オペレーターの仕事の一部には，顧客が入力した質問を AI が自動的に認識して回答を表示する「チャットボット」（chatbot）の技術が利活用されており，タスクの置き換えが生じ始めている．今後さらに音声認識・合成の技術が組み合わされば，オペレーターという労働者の仕事がなくなってしまうことも考えられる．

また，人手不足の処方薬としてインテリジェント ICT を利活用する点についても，人手不足を超えて利活用が進めば，労働者の仕事自体が無くなってしまうため，そのバランスが重要といえる．

3.3.6　オフショアリング

AI 技術失業説への反論として，近年の雇用の伸び悩みや二極化は技術革新ではなく，グローバル化に伴う海外移管（オフショアリング）によってもたらされたものなので，AI やロボットなどのインテリジェント ICT が普及しても雇用への影響は少ないのではないか，といった意見もある．

1980 年代以降のアメリカをはじめとする先進諸国の所得格差の拡大の原因としては，IT の普及とともにグローバル化も挙げられる．先進国の製造部門が途上国への対外直接投資で工場などをオフショアリングしたり，途上国からの安価な製品が輸入されたりしたことで，低スキルの工場労働者の雇用が失われたとしばしば指摘されている．また，非製造部門でもコールセンターや人事総務業務の一部が途上国に海外移管され，事務の雇用も失われている．さらに，Blinder（2009）によると，アメリカの職業の 2〜3 割弱はオフショアリングが可能と試算している．

第3章

　ただし，タスクモデルに沿って考えてみると，技術革新であってもオフショアリングであっても，今後，ルーティンタスクやインテリジェントICTで代替可能なノンルーティンタスクが先進国から無くなるリスクがあることには変わりない．というのも，インテリジェントICTで代替可能なタスクの多くはオフショアリングが可能なタスクでもある．たとえば，Ford（2015）は，アメリカの判例調査をする仕事がインドの弁護士に安価でオフショアリングされている事例を紹介している．

　そうなると，ルーティンタスクや一部のノンルーティンタスクは，インテリジェントICTか海外の労働者のいずれかに代替されやすく，いずれに代替されるかは新技術の価格と海外の労働者の賃金によって決まると整理できる．つまり，AI技術失業のシナリオを想定しておけば，たとえ実際にはオフショアリングが進行したとしても，同様の結果になるといえよう．ただし，異なるのは，インテリジェントICTの影響のほうが大きい場合，途上国での雇用が壊滅的な打撃を受けることであり，この点には留意が必要である．

3.3.7　法的・倫理的視点

　現時点ではAIやロボットなどのインテリジェントICTの開発企業の方針をみると，その多くが人との共生を目指していたり，あくまで人をサポートするためにAIやロボットが利活用される姿を理想としていたりする[14]．そうした方針の下では，インテリジェントICTによって多くのタスクを遂行できるようになったとしても，最終的には労働者の判断が必要となり，ほとんどの雇用が代替されるような事態は生じないと考えられる．たとえば，医療分野でAIが利活用される際には，病気の診断や治療方針の選択肢がAIによって提示されるが，最終的な診断と治療は医師が行うようになっていれば，医師の雇用が無くなることはない．

　開発企業が最終的にAIやロボットではなく人の判断に任せる方針を取っ

---

[14] たとえば，IBMはコグニティブ・システムが人々の生活やビジネスを支えることを目指しているほか，富士通もHuman Centric AI Zinraiというコンセプトで，人の判断・行動をサポートすることで人の生活や社会を豊かなものにすることを目指している．

ていることには，倫理的な理由や法的に製造者責任を負いたくないといった
理由があると考えられる．たとえば，AIが判断して実際の治療を行えると
しても，何らかの医療過誤や不慮の事故があった際に開発企業がその責任を
追及されるとなると，AIの運用には慎重にならざるをえない．

　AIやロボットに関する法的・倫理的な対応は今後議論されて各国で決め
られていくと考えられるが，その動向によっても労働者の雇用がインテリ
ジェントICTに代替されるかどうかは変わってくるため，留意する必要があ
るといえよう．

第4章

日本の労働市場の特性と
技術革新との関係

　前章まではインテリジェント ICT が労働市場に与える影響について，理論的な背景を確認した後，各国に共通する現象や将来予測，留意点をみてきた．しかし，前章でも触れたように，インテリジェント ICT の影響のあらわれ方は各国の労働市場の状況などによっても異なると考えられる．そこで，本章では日本の労働市場の特徴を踏まえたうえで，インテリジェント ICT が日本の雇用や働き方などにどのような影響をもたらしうるかを検討してみたい．

4.1　日本の労働市場での Routinization 仮説

4.1.1　職種変化と賃金変化の日米比較

　日本の労働市場でインテリジェント ICT が雇用を代替するかを検討する前に，日本でどの程度，Routinization 仮説が当てはまるかについて事実確認をしてみたい．

　まず，図4.1 は Acemoglu and Autor（2011）に準拠し，『国勢調査』（総務省）をもとに日本の職種構成比が長期的にどのように変化したかを計算したものであり，日米比較しやすいように，Acemoglu and Autor（2011）が作成したアメリカの同じ図もあわせて掲載している．図4.1 は6つの職種ごとに労働者シェアが過去30年間でどの程度変化したかを棒グラフで示しており，期間の区切り方が日米で異なるものの，大まかな推移は比較することができる．

　この図4.1 をみると，日本でもアメリカと同様に，生産工程・労務作業職などのルーティンタスクが多い職業のシェアが小さくなる一方で，専門・技術職やサービス職などのノンルーティンタスクの多い職業のシェアが大きくなる「雇用の二極化」が生じていたことが把握できる．特に，ノンルーティンタスクのうち，手仕事タスクの多いサービス職と分析・相互タスクの多い

図4.1 職種別の雇用シェアの長期的変化：日米比較

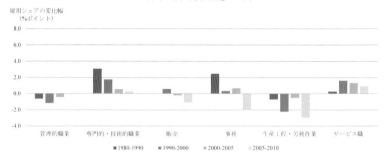

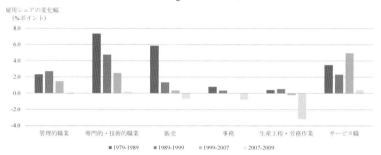

備考）日本については野原（2016），アメリカについてはAcemoglu and Autor（2011）のデータを再加工したものである．

専門・技術職が増加していることは，ALMなどのタスクモデルが示すRoutinization仮説と整合的である．つまり，技術革新によってIT資本がルーティンタスクを代替したことは，日本でも当てはまると判断できる．ただし，図4.1には，雇用シェアの変化幅の大きさが全体的にアメリカよりも日本で小さいことや，日本で管理職のシェアが低下していること，事務が直近を除き比較的大きく増加傾向にあったことなど，日米での違いも確認できる．

さらに，雇用だけでなく賃金についても日本で二極化が生じているかを確認するため，図4.2には，『賃金構造基本統計調査』（厚生労働省）をもとに2001年時点での職業別の平均賃金（年間給与を時給換算した賃金）と2001年から2014年までの雇用シェアの変化幅の関係を図示した．図4.2では各職業

図4.2 賃金ランク別の雇用シェアの変化

▽日本（『賃金構造基本統計調査』より）

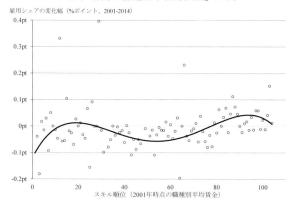

▽アメリカ（Acemoglu and Autor (2011) より）

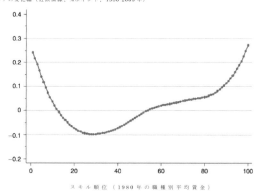

備考）日本については野原 (2016) のデータを再加工したもので、±0.4%以上の変化幅を外れ値として処理し、4次の多項式で近似線を当てはめている。アメリカについては Autor and Dorn (2013) を引用したものである。

の雇用者のシェアの変化を2001年時点での賃金水準の低い職業から右方向に並べ、プロットしている。さらに、各プロットを4次の多項式で近似した線も描いている。IT資本との雇用の代替によって賃金の二極化が生じていれば、雇用シェアは高賃金と低賃金の職業で増加し、中賃金の職業では減少

するため，U字型のプロットが確認できるはずである．

　図4.2をみると，日本での雇用シェアは，必ずしも明確ではないものの，
高賃金と低賃金の職業で増加傾向にある一方で，中程度の賃金の職業では減
少傾向にあることが確認できる．ただし，きわめて低い賃金の職業やきわめ
て高い賃金の職業については雇用シェアが減少しているなど，アメリカと
違って，全体的にU字型の形状が不明瞭であったりする点で，賃金の二極
化は明確とはいえない．これに対して，アメリカの雇用シェアの変化は2章
でも確認したように，明確なU字型を描いており，明確な賃金の二極化が
確認できる．

　以上，図4.1と図4.2からは，これまでの日本の労働市場では，雇用や賃
金の二極化がおおむね確認できるものの，事務職が増加傾向にあった時期が
あることや，賃金の二極化が明確ではないことなど，アメリカとは異なる傾
向もあったといえよう[15]．

4.1.2　ルーティンタスク集約度の国際比較

　アメリカほど明確ではないものの，日本でもRoutinization仮説が当てはま
ることがわかったが，今後のインテリジェントICT普及の影響を予測するに
は，現時点で，日本の労働市場でどのようなタスクが多くなっているかを把
握することが重要といえる．Frey and Osborne（2013）がタスクモデルを用い
て指摘しているように，AIやロボットなどのインテリジェントICTへの雇
用の代替可能性は，ルーティンタスクだけでなくノンルーティンタスクでも
高くなるため，代替されやすいタスクが労働市場で相対的に多いかが大事に
なるからである．

　ただし，どのようなタスクがインテリジェントICTにより代替されるかは
技術革新の種類やスピードにも依存するため，Frey and Osborne（2013）が
行ったように，あくまで主観的な予測に頼らざるをえない．この点，少なく
とも，Routinization仮説で注目したルーティンとノンルーティンのタスク分
類でみれば，ルーティンタスクのほうがインテリジェントICTへの代替可能

---

[15] この点は三谷・小塩（2012）や池永（2009, 2015），野原（2016）などと整合的である．

42

性は高いと考えられる．各国の労働市場ではルーティンタスクがIT資本に代替されたことが先行研究で示されているが，何らかの理由でその代替が遅れ，まだルーティンタスクが多く残っているとしたら，そのような労働市場では，ITよりも技術革新の進んだインテリジェントICTに雇用が代替されるリスクが相対的に大きくなっていると指摘できよう．

　この点を確認するエビデンスとして，北米，欧州，アジアの各国のルーティンタスクの相対的な量を国際比較したDeLaRica and Gortazar（2016）が参考になる．DeLaRica and Gortazar（2016）はOECDが2011年と2012年に世界22ヶ国で実施したPIAAC（Programme for the International Assessment of Adult Competencies）というアンケート調査の166,00人の個票データを用いて，各国の労働者のタスクの種類を数値化し，ルーティンタスクの相対的な大きさを比較している．PIAACは日本では「国際成人力調査」として文部科学省が16～65歳の男女11,000人を対象に実施しており，5,173人からの回答を得ている．

　調査内容は，読解力，数的思考力，ITを活用した問題解決能力の3分野のスキルとともに，年齢や性別，学歴，職業などに関する背景となっている．このうち，DeLaRica and Gortazar（2016）は背景調査に含まれる職業に関する質問項目をもとに，回答者が従事している仕事のタスクをルーティンR_i，ノンルーティン分析・相互（アブストラクト）A_i，ノンルーティン手仕事（マニュアル）M_iの3つに分類している．

　2章でも述べたように，ALMなどの多くのタスクモデルでは職業分類をもとに，どのようなタスクが多く含まれるかを特定しているが，同じ職業であっても労働者によって従事しているタスクには違いが生じることが指摘されている．この点，OECDのPIAACでは，仕事の内容についてどのようなスキルが求められるかを具体的かつ詳細に調査しているため，DeLaRica and Gortazar（2016）は職業によらず実際に労働者が従事している仕事内容からタスクを適切に分類できているといえる．

　DeLaRica and Gortazar（2016）は複数の質問項目から主成分分析によって，各タスクの相対的な大きさを数値化している．そのうえで，Autor and Handel（2013）に準拠してルーティンタスクの相対的な大きさを示すルー

ティンタスク集約度（Routine Task-Intensity）RTI_iを以下のように定義し，国際比較を行っている．

$$RTI_i = R_i - A_i - M_i \tag{11}$$

この指標が大きいほど，仕事におけるルーティンタスクの量が多いことを示しており，国別に集計された値は労働市場におけるルーティンタスクの総量を反映しているものと解釈できる．

　DeLaRica and Gortazar（2016）が行った分類結果は表4.1のとおりである．この表をみると，日本のルーティンタスク集約度は22ヶ国中4番目に高くなっており，ノンルーティンタスクよりもルーティンタスクに従事する労働者が国際的にみて多いことを意味している．この結果は，図4.1で確認したように，日本では2005年頃までルーティンタスクが多い事務職が増加していたことなどと整合的ともいえる[16]．

　一方，ルーティンタスク集約度は，同じアジアの韓国で最も高く，アメリカで最も低い．アメリカでルーティンタスクが少ないのは，Autor, Levy, and Murnane（2003）などの研究が指摘するように，アメリカでは1990年代以降にIT技術がルーティンタスクに取って代わり，労働者の仕事がノンルーティン分析・相互タスクとノンルーティン手仕事タスクにシフトして雇用の二極化が起きたことが反映していると解釈できる．つまり，アメリカではすでにITによって代替されたために，残されている仕事のなかでルーティンタスクが相対的に小さくなっているのだろう．そのように考えると，日本でルーティンタスクが大きいのは，ITによる代替がまだ済んでいないからとも推察できる．としたら，今後，AIやロボットなどのインテリジェントICTが普及すると，労働市場に多く残っている労働者のルーティンタスクが代替される余地が大きくあるとも解釈できる．つまり，日本の労働市場は欧米諸国と比べてインテリジェントICTによる雇用の代替のリスクが大きい可能性がある．

---

[16] さらに，日本でルーティンタスクが多いことは，オックスフォード大学のフレイ氏とオズボーン氏らの一連の研究で，インテリジェントICTに代替される確率がアメリカやイギリスよりも日本で高いと予測されていることとも整合的といえる．

表4.1 ルーティンタスク集約度の国際比較

	ルーティンタスク 集約度 RTI	ルーティン タスク R	ノンルーティン 分析・相互タスク A	ノンルーティン 手仕事タスク M
韓国	**0.44**	0.72	− 0.09	− 0.01
イタリア	**0.43**	0.36	− 0.45	0.00
ロシア	**0.39**	0.62	− 0.09	− 0.02
日本	**0.26**	0.08	− 0.12	− 0.28
フランス	**0.23**	0.15	− 0.17	− 0.11
スロベニア	**0.22**	0.10	− 0.29	− 0.02
ポーランド	**0.13**	0.06	− 0.23	0.04
スペイン	**0.11**	− 0.06	− 0.26	− 0.02
オランダ	**0.09**	0.06	− 0.03	− 0.09
ベルギー	**0.07**	− 0.05	− 0.04	− 0.13
エストニア	**0.07**	− 0.13	− 0.22	− 0.03
チェコ	**0.00**	0.03	0.01	0.02
アイルランド	**− 0.06**	0.05	0.12	0.05
オーストリア	**− 0.09**	− 0.23	− 0.11	0.03
ドイツ	**− 0.12**	− 0.18	0.01	0.03
カナダ	**− 0.15**	− 0.21	0.13	− 0.07
スウェーデン	**− 0.16**	− 0.28	0.04	− 0.03
イギリス	**− 0.16**	− 0.09	0.25	− 0.03
ノルウェー	**− 0.18**	− 0.23	0.13	− 0.02
デンマーク	**− 0.22**	− 0.35	0.04	0.03
フィンランド	**− 0.23**	− 0.38	0.30	− 0.24
アメリカ	**− 0.39**	− 0.35	0.21	0.18

備考) DeLaRica and Gortazar（2016）より引用.

4.2 日本的雇用慣行とインテリジェント ICT

なぜ日本の労働市場では，DeLaRica and Gortazar（2016）が指摘するように
ルーティンタスクが相対的に大きいのだろうか．背景の1つには，日本的雇
用慣行のもとでの正規雇用者の流動性の低さがあるといえる．そこで，日本
的雇用慣行の特徴を概観したうえで，インテリジェント ICT の影響や留意点
を検討してみたい．

4.2.1 日本的雇用慣行の特徴
日本的雇用慣行のある典型的な企業では，新卒者を採用してから企業特殊
的人的投資を行い，その後，スキルを身に付けた従業員に長い期間にわたっ

て長時間労働をしてもらうことで，人的投資のリターンを回収するといわれている．過去に投じた人的投資を失わないために不況期には労働保蔵が行われ，人件費の削減は，できるだけ人員削減ではなく，正社員の労働時間や賞与の調整，あるいは，非正規雇用者数の調整で対応する．企業内では配置転換が比較的多く行われ，正社員の多くがジェネラリストとして育成されていく．

　このような日本的雇用慣行は，長期的視野で企業の労働生産性や競争力を高める優れた雇用システムと評価されてきた．また，日本的雇用慣行は大企業を中心に日本の多くの企業でとられているために，他国と比べると日本の雇用の流動性は低くなり，さらに，不況期であっても失業率が高くならない特徴がある．

　近年，こうした日本的雇用慣行の機能や適用範囲が縮小しているという指摘もある．たとえば，濱秋他（2011）によると，一度も転職を経験していない労働者の比率を『賃金構造基本統計調査』（厚生労働省）で計算すると，1990年代には大企業・大卒の25〜34歳で6割程度あったものの，2000年代に低下し，2007年には5割を切っている．しかし，見方を変えれば，バブル崩壊後のいわゆる「失われた20年」という長期停滞を経た現在の日本経済においても，大企業では若年層であっても半数程度が転職を経験しておらず，同じ企業で雇用され続けている．また，この比率は35〜44歳や45〜54歳でも低下傾向にあるものの，5割前後の水準で推移しており，日本的雇用慣行が完全に崩壊したとはいえない．つまり，日本的雇用慣行は，縮小しつつあるものの，引き続き日本の正規雇用者の労働市場を特徴付けるものととらえられる．

4.2.2　日本的雇用慣行とIT

　こうした日本的雇用慣行の存在は，日本の労働市場でルーティンタスクが他国よりも多く残されている理由の1つになっていると考えられる．というのも，技術革新によって正規雇用者のルーティンタスクが代替されうる状況にあったとしても，ルーティンタスクに従事する正規雇用者を解雇すると，解雇費用が生じるとともに，それまでに人的投資した費用が埋没化するた

め，企業にとって新しい技術で正規雇用者を代替することは必ずしも合理的ではないからである．

前章で述べたように，IT資本との代替可能性は，タスクの遂行能力だけでなく，新しい技術の価格が労働者の賃金を下回るかによって決まる．ただし，日本的雇用慣行によってすでに企業特殊的人的投資を受けた労働者のタスクを新しい技術で代替する場合には，解雇費用や人的投資の埋没費用といった雇用の調整費用（あるいはスイッチングコスト）が生じるため，新しい技術の価格低下はもっと必要になる．このために日本でルーティンタスクのITによる代替が必ずしも本格的に起こらなかったと考えることができよう．つまり，日本の雇用慣行のある企業では長期的な人材育成を行っているため，IT技術革新の影響が雇用には生じにくかった可能性が指摘できる．

さらに，日本的雇用慣行の下では正規雇用者がジェネラリストとして働くことが多く，1人の正規雇用者が多様なルーティンタスクとノンルーティンタスクをさまざまな組合せで遂行していると考えられる．日本の正規雇用者の仕事は，欧米と違って明確なジョブデスクリプション（職務記述書）が雇用契約で示されていないことが一般的であり，正規雇用者はさまざまなタスクを柔軟にこなすことが求められる．濱口（2013）などではこうした仕事の進め方を「メンバーシップ型」と整理し，遂行するタスクがあらかじめ決められている欧米の「ジョブ型」と区別している．

ジョブ型の雇用システムの下では，タスクと労働者の対応が明確なため，技術革新によってルーティンタスクがITで代替できるようになると，そのルーティンタスクを担当している労働者を解雇してITを導入することが容易にできる．これに対して，日本の正規雇用のようなメンバーシップ型の雇用システムの下では，タスクと正規雇用者の紐づけがあいまいなため，雇用者をITにそのまま置き換えることが難しい．つまり，タスクと労働者との対応が複雑になっていることも，日本的雇用慣行のある企業でIT技術の代替が進みにくかった要因になっていた可能性もある．

4.2.3　日本的雇用慣行とインテリジェントICT

しかしながら，ITよりもさらに技術革新が進み，AIやロボットなどのイ

ンテリジェント ICT が低価格で利活用できるようになると，日本的雇用慣行のある企業でも，正規雇用者とインテリジェント ICT との代替が進むことは十分に考えられる．短期的には IT のときと同様に，人的投資からのリターンを回収する前に正規雇用者を代替することは企業にとって得策ではないため，インテリジェント ICT が正規雇用に与える影響は日本では当面は小さいと予想される．しかし，インテリジェント ICT の価格が十分に低下し，正規雇用者への人的投資を埋没費用化させたとしてもインテリジェント ICT を導入するほうがトータルのコストが低くなれば，正規雇用者の代替は生じることになる．また，スピードの速い技術革新が起きることで，それまでに企業が人的投資した正規雇用者のスキルが通用しなくなることもありうる．そうしたスキルの陳腐化が生じれば，人的投資からのリターンの回収はそもそもできなくなるため，正規雇用者との代替を阻む理由がなくなる．

　加えて，インテリジェント ICT が多くの企業に普及することで，必要となる労働者のスキルが企業特殊的なものでなくなり，AI やロボットを利活用しながら仕事を進める一般的なものになる可能性もある．そうなると，労働者のスキルはどの企業でも活用できるため，雇用の流動性が高まり，日本的雇用慣行そのものが崩壊し，正規雇用者とインテリジェント ICT の代替が進むとも予想される．

　つまり，短期的には日本的雇用慣行が存在するために，日本の労働市場では正規雇用者とインテリジェント ICT の代替可能性は低いと予想できるものの，中長期的には一気に代替が進むリスクを抱えていると整理できる．特に，留意すべきは，IT やインテリジェント ICT との代替が遅い分だけ正規雇用者の従事するルーティンタスクが多く残されていることである．このため，今後の技術革新によって日本でもインテリジェント ICT への代替が進められるようになった際には，その影響度合いは欧米諸国よりも甚大なものになる可能性がある．

4.3　非正規雇用とインテリジェント ICT

　日本の労働市場でルーティンタスクが他国よりも相対的に大きいことには，IT が普及した時期に日本で非正規雇用が著しく増加したことも背景と

して挙げられる．そこで，非正規雇用の推移や特徴を整理したうえで，イン
テリジェント ICT の影響や留意点を検討してみたい．

4.3.1　非正規雇用の推移

　非正規雇用とは，雇用形態あるいは職場での呼称に基づいて，正規の職
員・従業員以外のパート，アルバイト，派遣社員，契約社員，嘱託などをさ
すことが一般的である．あるいは，雇用契約の期間に基づいて，期間に定め
のある有期雇用者を非正規雇用とすることもある．現在，日本で企業に雇わ
れている人の4割程度，女性に関しては6割程度が非正規雇用として就業し
ているが，非正規雇用は1990年代以降，日本の労働市場で増加を続けてきた．
　図4.3は『就業構造基本調査』（総務省）をもとに，1992年と2012年で非正
規雇用比率がどのように上昇したかを示したものである．この図をみると，
時期を問わず女性の非正規雇用比率は男性の約2倍程度と高くなっているが，
過去20年間の変化をみると，女性だけでなく男性も上昇していることがわか
る．年齢に注目すると，1992年当時，20歳代の非正規雇用者の比率は相対的
に少なかったものの，20年間で倍増し，2012年には30〜54歳の壮年層を上回
るようになった．また，55歳以上の年齢層の非正規雇用比率の上昇も顕著に
なっている．業種別にみると，製造業よりも非製造業で非正規雇用比率の上
昇が大きく，規模別には，もともと中小企業で非正規雇用者が多かったものの，
この20年間で大企業でも顕著に増加したこともみてとれる．学歴別には大
卒・大学院卒以外での非正規雇用の増加が特徴的といえる．
　さらに，職種別にみると，サービス職やその他の職で時期によらず非正規
雇用比率が高いが，この20年の変化では，事務職や販売職での上昇が顕著
といえる．

4.3.2　非正規雇用の増加の背景

　こうした非正規雇用の増加はなぜ生じたのだろうか．労働者の価値観の多
様化によって非正規雇用に対する労働供給が増加したことや，派遣労働者法
の改正などの規制緩和が2000年代に続いたことなどが指摘されることも多
い．しかし，技術との代替との関係では，雇用の調整費用を含めた人件費の

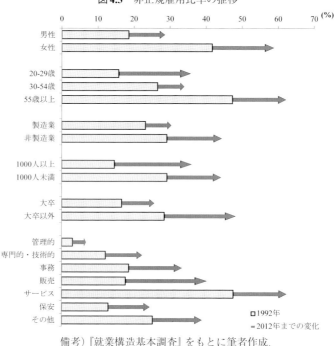

図 4.3 非正規雇用比率の推移

備考)『就業構造基本調査』をもとに筆者作成.

低さから労働需要が増加したことが重要といえる.

　日本の非正規雇用は, 日本的雇用慣行が適用されることの多い正規雇用と違って, 賃金が低く, また, 人数を増減させる際に生じる調整費用も低いことが特徴といえる. 上述したように, 企業は正規雇用に対しては人的投資を行って長期的に人材育成を行うため, 正規雇用の雇用期間は長くなり, 不況になっても人員調整をせずに労働保蔵がなされる. これに対して, 日本の多くの企業が非正規雇用には採用や教育訓練などの固定費をかけないため, 企業は景気に応じて非正規雇用の人数を増減しやすく, 景気変動に対するバッファーとして機能する[17]. つまり, 賃金だけでなく, 雇用の調整費用の低さ

---

[17] 石原 (2003) は『雇用動向調査』(厚生労働省) を用いて, 非正規雇用に分類されるパートタイム雇用者が雇用調整のバッファーとして1990年代に機能していたと指摘している.

こそ，企業が非正規雇用への需要を高める要因といえる．こうしたことから，バブル崩壊後，企業は調整費用を含めた人件費の低い非正規雇用へと労働需要をシフトさせていったと考えられる[18]．

4.3.3　非正規雇用と IT

　こうした日本での非正規雇用の増加は 1990 年代以降の IT の普及と同時期に生じた．そして，非正規雇用の調整費用も含めた人件費が非常に低かったために，企業は，正規雇用者が従事していたルーティンタスクを IT などの新しい技術ではなく，非正規雇用で代替していった可能性がある．そうだとしたら，DeLaRica and Gortazar（2016）が示すようにルーティンタスク集約度が日本の労働市場で高いのは，非正規雇用者が従事するルーティンタスクが多く存在するからと指摘できよう．

　さらに，IT の普及によって正規雇用者が従事していた複雑なノンルーティンタスクの一部がルーティン化されたことで，非正規雇用に代替できるようになった可能性もある．Autor, Levy, and Murnane（2003）は，アメリカでは IT の導入によって熟練労働者のノンルーティンタスクの一部がデジタル化・自動化された結果，ルーティンタスクに変換され，非熟練労働者でも遂行可能となり，さらには IT 資本に代替されたと指摘している．同様に，Frey and Osborne（2013）は，産業革命時に職人の高度なスキルによって遂行されていたタスクの一部が細分化・単純化されたことで，製造業における職人のタスクが機械に代替されたと指摘し，技術による代替が生じる際には「脱スキル化（deskilling）」が生じるものであると述べている．

　こうしたことを踏まえると，日本では 1990 年代以降，IT の普及とともに正規雇用の脱スキル化が進行し，ルーティンタスクが増加したことが考えられる．ただし，アメリカと違って日本の労働市場では，増加したルーティンタスクを IT 資本ではなく非正規雇用が担うようになった可能性がある．事実，阿部（2005）は，IT 化によって正規雇用者の仕事の一部がデジタル化さ

---

[18] 脇坂・松原（2003）や阿部（2010）は『パートタイム労働者総合実態調査』（厚生労働省）を用いて，正社員からパートタイム労働者への代替が生じていた可能性を指摘している．

れ，外部労働力の活用が促進されたケースがあることを定量的に明らかにしている．

このように，日本ではITが普及した時期に正規雇用から非正規雇用への労働需要のシフトが起きたために，正規雇用の従事していたノンルーティンタスクが結果的にルーティンタスクに変換され，非正規雇用に代替されたと考えられる．

4.3.4　非正規雇用とインテリジェントICT

日本の労働市場では現状，非正規雇用がルーティンタスクを多く担っているが，このことは，今後の技術革新によって，インテリジェントICTが大量の非正規雇用を代替するリスクになっているとも解釈できる．上述したように，非正規雇用が増加する過程において，すでに多くのノンルーティンタスクがルーティンタスクに脱スキル化されたと考えられるため，インテリジェントICTへの代替は技術的に容易になっている可能性が高い．また，非正規雇用は日本的雇用慣行が適用されず雇用保障が小さいため，技術と価格の要件が満たされれば，すぐにでもインテリジェントICTに置き換わるとも予想できる．現在，日本の雇用者の約4割が非正規雇用として働いていることを踏まえると，インテリジェントICTが日本の雇用を奪う影響度合いは甚大なものになるともいえよう．

4.4　インテリジェントICTの利活用と雇用

日本の労働市場では日本的雇用慣行の下で正規雇用者がIT資本との代替を免れているほか，非正規雇用の多くがルーティンタスクを遂行している可能性を指摘した．このことは，日本ではビジネスにおけるITの利活用が必ずしも進んでいないことを示唆するが，今後，AIやロボットの技術革新が進んでいくなかで，インテリジェントICTは日本でどのように利活用されるのだろうか．企業の生産性や雇用との関係を念頭に置きながら，この点について検討してみたい．

52

図 4.4 職場でのコンピュータの平均利用時間（日）の日米比較

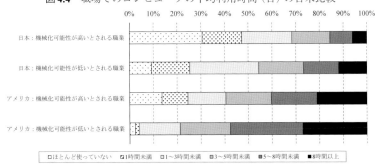

備考）野村総合研究所（2016）から引用．

4.4.1 ビジネスでのITやインテリジェントICTの利活用

『情報通信白書2016年度版』（総務省）あるいは野村総合研究所（2016）は，日米の労働者に対するアンケート調査を実施し，職場でのコンピュータの利用時間の比較を図4.4のように行っている．図4.4では機械化可能性の高い職業として事務，運転，生産・建設・現場スタッフ，また，機械化可能性の低い職業として医師・薬剤師，教職員，システムエンジニア，看護・介護スタッフに分け，それぞれについて日米比較を行っている．

図4.4をみると，日本では1日に3時間未満しかコンピュータを利用していない労働者は，機械化可能性が高い職業では7割弱，機械化可能性が高い職業でも5割強に達するのに対して，アメリカでは機械化可能性が高い職業でも4割強，機械化可能性が低い職業で2割強と少ない．つまり，日本のほうがITの利活用が遅れていることが把握できる．

また，野村総合研究所（2016）では，新たな技術に対する認知度についても同様の方法で日米比較を行っており，シェアリングエコノミーとデジタルファブリケーションの2つに関する結果を図4.5に示した．シェアリングエコノミーとは，「個人が保有する遊休資産をインターネットを介して他者も利用できるサービス」（『情報通信白書2016年度版』より）であり，民泊やUberなどのサービスが例として挙げられる．デジタルファブリケーションとは，「デジタルデータをもとに創造物を制作する技術」（『情報通信白書2016年度版』より）であり，3Dスキャナー・プリンターなどを活用するも

図4.5 新しい技術に対する認知度の日米比較

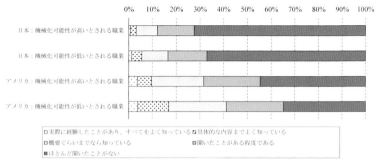

備考）野村総合研究所（2016）から引用．

図4.6 職場へのAI導入の有無および計画状況の日米比較

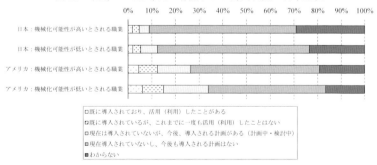

備考）総務省（2015）から引用．

のである.

　図4.5をみると，シェアリングエコノミー，デジタルファブリケーションともに，「ほとんど知らない」と回答している割合は日本で7割前後なのに対して，アメリカでは4割前後と少ない.

　さらに，野村総合研究所（2016）で職場でのAI導入の有無と計画について日米比較をしたものが図4.6である．図4.6をみると，日本ではAIがすでに導入されているか導入が計画されている割合は高々1割強であるが，アメリカでは3～4割にも達することがわかる.

　以上の比較から，ITの利活用だけでなく，新たな技術の認知度やAIなどのインテリジェントICTの導入についても日本はアメリカに遅れをとっているといえる.

4.4.2　インテリジェントICTの戦略的な利活用と雇用

　上でみたように，日本でITやインテリジェントICTが積極的には利活用されていないことは，それらの技術に雇用が代替されることを防ぐという意味では短期的には望ましいかもしれない．仕事でコンピュータなどのITが利活用されていないため，AIやロボットなどのインテリジェントICTの技術革新がすぐには入り込めず，雇用は守られるという考え方である.

　しかしながら，グローバル化が進んでいるなかでは，ITやインテリジェントICTの利活用がされないと，日本の企業の国際競争力が低下し，ビジネス自体が衰退することで，日本での雇用自体が減少してしまいかねない．つまり，短期的には労働者の雇用が守られるかもしれないが，インテリジェントICTを利活用できないと，長期的には日本企業が淘汰されて雇用が大きく失われる可能性があることには留意が必要といえる[19].

　事実，アメリカ企業をサンプルにIT利用が企業パフォーマンスに与える影響を検証したBresnahan, Brynjolfsson and Hitt（2003）やBloom, Sadun, and Van Reenen（2012）などの研究では，ITを利活用している企業ほど，生産性

---

[19] この点に関連し，松尾（2015）は，日本でデータ利用に対する社会的な受容性が低いことや競争ルールの法整備が遅れていることも課題であると指摘している.

の伸びが大きくなることが確認されており，IT やインテリジェント ICT の利活用が遅れると，企業経営に支障が生じることが懸念される．

このため，日本の企業は積極的にインテリジェント ICT を利活用して成長をはかることで，長期的にも雇用を守るべきといえよう．インテリジェント ICT を積極活用することで，ルーティンタスクを行う労働者の雇用は代替されてしまうかもしれない．しかし同時に，インテリジェント ICT を導入・利活用する際には，タスクの脱スキル化やデジタル化をはかるための仕事や職場での利活用方法を普及させるための仕事，戦略的に職場で利活用することを企画する仕事など，新たな仕事の創出が期待できる．また，国内でインテリジェント ICT が利活用される際には，国内企業のそれまでのタスクやシステムを踏まえるためにオンプレミス対応[20]で国内開発企業が関与する可能性が高いと考えられるため，インテリジェント ICT の開発・製造部門での国内雇用も創出される効果もある．

4.5　超高齢社会におけるインテリジェント ICT の利活用

これまでは日本の労働市場においてインテリジェント ICT によって労働者の雇用が代替されることや，新たな技術の開発や利活用に伴って雇用が創出されることを検討してきた．一方で，日本の労働市場の特徴として，超高齢社会という環境において深刻な労働供給制約（人手不足）が生じることが懸念されており，インテリジェント ICT の普及はむしろ労働供給制約の解消の手段として期待されることもある．そこで，日本の労働市場で少子高齢化によってどのような問題が生じることが懸念され，そこにインテリジェント ICT がどのように貢献できるかを検討したい．

4.5.1　労働供給制約の動向と課題

日本の労働市場における労働供給制約は，少子高齢化によって高齢者が増えて働き手が減少する人口動態上の問題とともに，高齢者を介護するために

---

[20] オンプレミスとは，サーバやソフトウエアなどのシステムを顧客企業内に設置して運用することを指す．

壮年層の労働力がフル活用できない問題，育児と仕事の両立が難しいために女性の労働力がフル活用できない問題もある．

厚生労働省の試算[21]によると，日本人の平均寿命は男性で79.55歳，女性で86.30歳である一方で，日常生活に制限のない期間を示す健康寿命は男性で70.42歳，女性で73.62歳となっている．現在，日本の多くの企業で定年制度が見直されており，希望すれば65歳までは勤務延長や再雇用などの制度を使って企業で雇用されるほか，定年後も転職して就業を続けることができるようになっている．ただし，健康に就業できるのは平均で70歳過ぎまでであり，それ以降は日常生活や仕事に支障が生じてしまう．日本人の高齢者の労働力率は先進諸国のなかでも高く，65歳以上の男性では約3割が労働力を供給している[22]．こうした高い労働力率を維持・向上させ，労働市場で高齢者の労働力を活用できるかは，労働供給制約下の日本の課題となっている．

さらに，上述の試算では，健康寿命と平均寿命の差は男性で9.13年，女性では12.68年あるため，平均で10年程度は介護などのサポートが必要になる．『就業構造基本調査』（総務省）によると，2012年時点で家族介護をしている人の比率は，55〜59歳の男性で8％，女性では15％を超えており，家族介護によって就業が阻害され，労働供給制約がさらに深刻になるおそれがある．また，介護サービスについても，『一般職業紹介状況調査』（厚生労働省）によると，介護，医療，社会福祉などの職業は有効求人倍率が大きく1を上回っており，すでに人手不足が深刻化している[23]．よって，家族介護を軽減するために介護サービスを利用することも現状では必ずしも容易とはいえない．

---

[21] この数値は，厚生科学審議会地域保健健康増進栄養部会・次期国民健康づくり運動プラン策定専門委員会「健康日本21（第二次）の推進に関する参考資料」（25頁）で試算されている．

[22] 労働政策研究・研修機構（2016）によると，65歳以上男性の労働力率は日本で30.2％，アメリカで23.0％，イギリスで13.3％，ドイツで8.2％，フランスで3.4％となっている．

[23] 具体的には医師・薬剤師などの有効求人倍率は6.93，保健師・看護師などは2.60，介護サービスは2.30，社会福祉の専門的職業は1.72となっている（2014年度）．

家族介護とともに，育児を中心的に担うことの多い女性の就業について
も，課題が多い．『出生動向基本調査』（国立社会保障・人口問題研究所）に
よると，第1子出産前後で継続就業している女性は1980年代から4割弱と
なっており，約6割の女性が出産を機に就業を止めてしまっている．その結
果，30〜34歳の女性の労働力率は先進国の中で日本が最低で70.8％となっ
ている[24]．また，労働力率は70％台あっても，その内訳をみると正規雇用で
はなく非正規雇用として就業している女性が6割となっており，労働市場で
女性労働力がフル活用されているとはいいがたい．

　こうした課題を踏まえ，近年では日本的雇用慣行における働き方を見直す
動きが活発化してきている[25]．日本的雇用慣行の下で，日本の企業では長時
間労働が常態化しているとともに，勤務時間や勤務日を選べたり在宅勤務が
できたりするような柔軟な働き方がとられていない．高度成長期のように先
進諸国にキャッチアップするための過程では均質なスキルを持った労働者が
長時間働いて量的なインプットをかけることで，多くの付加価値を生み出せ
ていたといえる．しかし，経済成長を遂げ，労働供給制約に直面するなかで，
日本の労働市場では，キャッチアップではなく自らイノベーションを生み出
すことのできる多様で質の高い人材が求められるようにもなっている．

　長時間労働を是正し，柔軟な働き方を導入することができれば，健康に多
少の支障はあるものの就業意欲がある高齢者や育児と両立を希望する女性が
労働市場でフル活用され，労働供給制約に対処できる可能性がある．たとえ
ば，企業のパネルデータを用いて女性活躍推進の要因を検証した山本（2014）
では，長時間労働を是正していたり，ワークライフバランスを推進する施策
をとっていたりする企業ほど，女性を正社員として多く登用できていること
を示している．

---

[24] 労働政策研究・研修機構（2016）によると，30〜34歳の女性の労働力率は，アメリ
　カで73.5％，イギリスで78.4％，ドイツで80％，フランスで81.5％，日本で70.8％
　である．
[25] 近年の日本での働き方や長時間労働の状況や課題点については，山本・黒田（2014）
　を参照されたい．

4.5.2　労働供給制約の処方薬としてのインテリジェント ICT

　日本の労働市場には，少子高齢化に伴って以上のようにさまざまな課題が存在する．AIやロボットなどのインテリジェント ICT が普及することは，それらの課題にどのように役立つのだろうか．

　まず，ノンルーティン手仕事タスクも含め，さまざまなタスクを AIやロボットが人手を介さず自動でこなせるようになれば，不足する労働供給をインテリジェント ICT 資本で埋め合わせることになるため，単純に労働供給制約が解消されるだろう．ただし，労働者と同等の価格・生産性でタスクをこなせるインテリジェント ICT がいつの時点で普及するかは予測しにくく，また，開発・普及のスピードによっては不足している以上にインテリジェントICT が雇用を置き換えてしまい，逆に労働者の従事できる仕事がなくなるおそれもある．つまり，労働者と同じようにタスクをこなせるインテリジェント ICT の普及は，労働供給制約の処方薬になるとともに，労働者が従事しているタスクまでも奪う毒薬にもなりうるため，両者のバランスが大事となる．また，前章で述べたように，こうした問題はどのようなタイムスパンでインテリジェント ICT の影響を想定するかによって異なる．

　一方，インテリジェント ICT が完全に労働者と同じタスクをこなせるようにならなくても，人手が不足している仕事の量を減らしたり，労働者のタスクをサポートしたりする役割として，インテリジェント ICT が機能するようになれば，労働供給制約を克服する手段になりうる．具体的には，健康面で支障がある高齢者であっても視覚・聴覚・判断力・体力などをインテリジェント ICT がサポートすることで，壮年層と変わらぬ労働力として活躍できるようになる．また，介護サービスをサポートするインテリジェント ICT が普及することで，1人の介護福祉士で数多くの高齢者の介護を担当できるようになったり，家庭でも無人で介護できるようになったりすれば，介護産業での人手不足が解消するとともに，介護と仕事の両立も可能となり，壮年層の雇用が維持される．同様に，インテリジェント ICT が育児サービスや家庭での育児をサポートできるようになれば，育児と仕事の両立が容易となり，女性の活躍推進を後押しすることになろう．

　さらに，現在，政府や企業で積極的に検討されている働き方改革にも，イ

ンテリジェントICTが貢献する可能性も考えられる．日本の働き方で問題視されているのは長時間労働であるが，インテリジェントICTの利活用によって働き方が改められ，より効率的な働き方が個人や組織でできるようになれば，過剰な長時間労働が減少することが期待できる．また，すでに職場への入退出やコンピュータのアクセス記録等を活用して勤務時間の管理が厳格化されつつあるが，そうしたデータを活用して違法な長時間労働を事前に防いだり，監督当局による取締りに用いられたりすることで，いわゆるブラック企業の淘汰も進み，過労死問題も少なくなると考えられる．

　過労死に関連して，日本の長時間で画一的な働き方はメンタルヘルスの悪化を招くおそれがあることが指摘されている．たとえば，山本・黒田（2014）は，労働者のパネルデータを解析し，メンタルヘルスを悪化させる要因として，手当の支払われないサービス残業時間の長いことや担当業務の内容が明確でないこと，早く退社しにくい職場風土などがあることを指摘している．インテリジェントICTの普及によって，長時間労働の是正が進むとともに，ストレスの高い困難なタスクや人が不快に感じるタスクを労働者がやらないですむようになれば，メンタルヘルスの向上も期待できよう．

　また，産業保健分野の研究では，労働者のメンタルヘルスが仕事の要求度と資源に左右されるという「仕事の要求度・資源モデル」が発展している（Schaufeli and Bakker（2009）など）[26]．インテリジェントICTの利活用は，労働者にとっての仕事の要求度を下げるとともに，タスク遂行をサポートするという意味で仕事の資源が向上することにつながりうるので，労働者はより活き活きと働けるようになる可能性もある．

4.5.3　生産性向上に必要な補完的イノベーション

　前章でも述べたように，インテリジェントICTのような新たな技術の普及が生産性向上に結びつくには，企業や産業のレベルにおいて経営や組織のあり方を改革する補完的なイノベーションが起きることが重要といえる．たとえば，Bresnahan, Brynjolfsson, and Hitt（2002）は，企業がIT技術を活用して

---

[26] 仕事の要求度・資源モデルについては島津（2014）を参照されたい．

経営や組織の改革を行うことで，生産性の向上や高スキル労働者への需要増加につながったことを実証的に示している．

　日本の企業においても，Yamamoto and Matsuura（2014）は，ワークライフバランスに関する施策の導入とIT資本の利活用との相乗効果を検証し，単にワークライフバランス施策を導入しただけでは全要素生産性（TFP）で測った企業の生産性は変わらないものの，IT資本の利活用を行っている企業では，施策によって生産性が向上することを明らかにしている．この結果は，日本企業のIT資本の利活用がワークライフバランス施策の導入という働き方改革という補完的イノベーションと合わさると，企業パフォーマンスにプラスの影響を与えることを示唆している．

　現在，日本では働き方改革，女性活躍推進，健康経営など，さまざまな角度から経営や組織の改革を行おうとしている．こうした動向がインテリジェントICTの普及とリンクし，相互作用しながら企業の生産性向上につながれば，経済全体のパイが拡大し，新たな雇用の創出も行われることが期待できる．インテリジェントICTと働き方改革は一見すると関係性が低いもののようにみえるが，それぞれを切り離すことなく，有機的に結び付けて利活用していくことが望まれる．

第5章

結びに代えて

本書では，AIやロボットなどの新しい技術をインテリジェントICTと定義し，その普及によって労働市場における雇用や働き方がどのような影響を受けうるかを議論してきた．議論にあたっては，雇用や失業，賃金格差，働き方などを分析対象とする労働経済学研究のこれまでの知見に基づくとともに，他国との違いを踏まえながら，日本の労働市場で起きうる変化や課題，留意点に焦点を当ててきた．本章ではこれまでのまとめを行うとともに，今後の研究課題や若干の政策含意に言及してみたい．

5.1 これまでの議論のまとめ

本書では，まず第2章において，今後のインテリジェントICT普及の労働市場への影響を考える準備として，1980年代以降にコンピュータなどのITの普及が労働市場にどのような影響をもたらしたかについて，実証的なエビデンスを概観しつつ，労働経済学の理論的フレームワークを整理した．

労働経済学では伝統的に技術革新によって賃金格差が拡大するかをスキルプレミアムモデルによってとらえてきた．スキルプレミアムモデルでは，労働者を高スキルと低スキルに分け，高スキル労働者の労働供給が相対的に高まると賃金格差は減少するものの，高スキル労働者の生産性を相対的に高めるような技術革新が生じると賃金格差が拡大する．こうした技術革新はスキル偏向的技術革新と呼ばれ，1980年代以降，アメリカを中心に格差拡大が続いていることの一因として，コンピュータなどのITの技術革新がスキル偏向的であったことが指摘されている．

こうした指摘はSBTC仮説と呼ばれるが，1990年代以降に各国の労働市場において中間層が減少し，低所得層と高所得層に分化した「雇用の二極化」

63

現象を説明できないといった課題があった．このため，近年ではSBTC仮説に代わって，労働者の従事しているタスクに着目したタスクモデルが開発され，定型的なルーティンタスクがコンピュータなどのITに代替されたために雇用の二極化が進んだとするRoutinization仮説が注目されるようになっている．

Routinization仮説の背後にあるタスクモデルでは，コンピュータなどのITが得意とするルーティンタスクは，技術革新でIT資本の価格が低下することで労働者と代替される．一方で，分析・相互タスクや手仕事タスクなどのノンルーティンタスクはITでは遂行できないため，相対的に労働者への需要が増える．その結果，ルーティンタスクを担っていた中間層から，ノンルーティン分析・相互タスクを中心に遂行する高所得層とノンルーティン手仕事タスクを遂行する低所得層に労働者がシフトし，雇用が二極化する．こうしたメカニズムや帰結は日本も含めて各国で観察される雇用の二極化と整合的であり，さらに技術革新が進んだ場合に労働市場にどのような影響が生じるかを検討する際にタスクモデルが役立つことを示唆する．

そこで，第3章ではタスクモデルに基づいてAIやロボットなどのインテリジェントICTが労働市場に与える影響を検討した．タスクモデルで示されたようにIT化は，サービスや肉体労働などの人の手を介す必要のあったノンルーティン手仕事タスクの需要を相対的に高めたため，ITに代替されてしまった事務や工場作業などのルーティンタスク従事者の雇用の「受け皿」として機能した．ところが，AIやロボットなどのインテリジェントICTが雇用の受け皿になっていたノンルーティンタスクまでも遂行できるようになると，ノンルーティンタスクでも雇用との代替が生じ，結果的に大量の技術失業が生じることが懸念される．本書ではこのことをAI技術失業と呼び，将来雇用の大半が奪われることに警鐘を鳴らす代表的な研究や啓蒙書の主張を整理するとともに，さまざまな留意点を述べた．

AI技術失業で最も注目されているのがFrey and Osborne（2013）による研究である．彼らはタスクモデルに基づいたフレームワークでインテリジェントICTが雇用を代替する確率を推計し，約半数の雇用が将来的に技術に代替されるリスクが高いと指摘している．しかし，彼らの推計がベースとしてい

る情報は機械学習の研究者による将来予測であり，あくまで主観的な予測にすぎない点には留意が必要である．

また，インテリジェント ICT と雇用の代替が生じるかは，技術的な観点だけでなく，技術革新によってインテリジェント ICT の価格が賃金と同じ水準まで低下するかも重要であり，将来予測にはその点も考慮する必要がある．さらに，インテリジェント ICT は雇用を代替するだけでなく，技術開発や普及に必要な雇用や生産性向上による経済成長がもたらす雇用など，雇用創出の効果も持つことも考慮すべきである．また，雇用創出だけでなく，労働者の負荷やストレスを軽減したり，柔軟な勤務を可能にしたり，人手不足を補ったりするなど，働き方や労働力の補強という点でもインテリジェントICT は労働市場にプラスの影響をもたらすことも期待できる．

次に第4章では，日本の労働市場に焦点を当て，日本に固有な労働市場特性を踏まえたうえでインテリジェント ICT が普及する際の留意点を整理した．まず，日本でも Routinization 仮説が当てはまるかをデータを用いて確認したところ，雇用や賃金の二極化はアメリカほど明確ではないものの，日本でも観察できることを確認した．さらに，どのようなタスクが多いかを国際比較した研究を紹介し，日本では他国に比べてノンルーティンタスクよりもルーティンタスクが相対的に多いことを示した．

次に，こうした事実関係を踏まえて，正規雇用者と非正規雇用者に分けてインテリジェント ICT の影響を整理した．日本的雇用慣行が強い正規雇用者については雇用の流動性が低く，企業内で人的投資・回収がなされる長期雇用が続く限りは，インテリジェント ICT の影響は即座には生じにくいと考えられる．しかし，インテリジェント ICT の価格が大幅に低下したり，正規雇用者に人的投資したスキルが技術革新によって陳腐化したりするようになると，正規雇用でも代替が進む可能性は十分にある．そうした状況になれば，正規雇用者への人的投資が埋没費用化したとしても，インテリジェント ICTに代替したほうがトータルの費用が低くなるからである．また，インテリジェント ICT の普及によって労働者に必要とされるスキルが企業特殊的でなく，どの企業でも活用できる一般的なものになれば，日本的雇用慣行そのものが崩壊することでインテリジェント ICT への代替が加速するとも考えられる．

さらに，日本の雇用者の4割を占める非正規雇用については，インテリジェント ICT によって代替されるリスクが非常に高いことが懸念される．1990年代以降に IT が普及した時期に，調整費用を含めた人件費が非正規雇用で低かったため，日本では正規雇用から IT 資本ではなく，正規雇用から非正規雇用への代替が進んだ可能性がある．その際には正規雇用の従事していた多様で複雑なタスクがデジタル化・標準化といった脱スキル化によって整理され，非正規雇用がルーティンタスクとして遂行するようになったと考えられる．よって，インテリジェント ICT の技術革新が進み，より安価に非正規雇用のタスクを遂行できるようになると，一気に代替が進む可能性が高い．

　このように，日本的雇用慣行や非正規雇用化によって，日本では IT やインテリジェント ICT の雇用への影響が短期的には軽微に止まるとみられる．しかしながら，結果的に現状多くの労働者がルーティンタスクを遂行している状況にあるため，むしろインテリジェント ICT の技術革新が進めば，雇用が代替されるリスクはかなり大きいと危惧される．

　また，インテリジェント ICT の利活用の面でも，日本はアメリカよりも IT や新しい技術の活用度や認知度が低いことを指摘した．こうした状況が続くと，インテリジェント ICT の利活用が遅れ，将来的に競争力が低下して日本の労働市場での雇用が大幅に減少することも懸念される．企業でのインテリジェント ICT の利活用は長期的に生産性を高めるとともに，利活用に伴う雇用創出も見込めるため，積極的に進めることが重要といえる．

　最後に，日本の直面している少子高齢化においてはインテリジェント ICT の利活用が労働供給制約の処方薬になる可能性も整理した．具体的には，不足する労働力を補うための利活用とともに，高齢者や女性の就業をサポートする形での利活用，長時間労働是正や柔軟で健康な働き方への改革を進めるツールとしての利活用がインテリジェント ICT には期待できる．新たな技術が企業や経済全体の生産性向上につながるには組織や経営のあり方を改革する補完的イノベーションが必要とされており，働き方改革，女性活躍推進，健康経営など，さまざまな改革をインテリジェント ICT の利活用と同時に進めていくことが日本の労働市場にとって重要といえる．

5.2　今後の研究課題と若干の政策含意

　本書ではインテリジェント ICT の労働市場の影響について，考えられうる論点を整理してきた．しかし，それらの論点は必ずしも研究によって明らかにされているとは限らず，今後の研究課題が多く存在する．また，論点の整理から若干の政策含意も見出せる．そこで，最後に，今後の研究課題と若干の政策含意について触れてみたい．

5.2.1　今後の研究課題

　研究課題としてまず挙げられるのは，日本の労働市場におけるタスクの分布を明らかにすることであろう．インテリジェント ICT の労働市場への影響を考えるにはタスクモデルに基づくことが妥当である．よって，全体としてどのようなタスクが多くなっているか，正規雇用と非正規雇用に分けるとタスクはどのように異なるか，職業別・産業別にはどのようにタスクが分布しているのか，といったタスクに関する現状把握は必要不可欠といえる．また，技術革新によって労働者のタスクが代替される状況を把握することも重要であり，そのためにはタスク分布の把握は定時的に行うべきであろう．

　次に，労働者との代替可能性に影響を与えるインテリジェント ICT の価格動向の把握も重要な研究課題といえる．AI やロボットの性能の向上だけでなく，労働者の賃金並に価格が低下するかが，雇用への影響を考えるうえで大事である．このため，高いスキルが要求されるノンルーティン分析・相互タスクを遂行できる AI の価格が低下するのか，あるいは，低いスキルで遂行可能なノンルーティン手仕事タスクが遂行できるロボットの価格が低下するのか，といった点とともに，労働者の賃金の動向を比較・検証することが望まれる．

　さらに，日本に関しては労働供給制約による人手不足を補う程度でインテリジェント ICT の利活用が進んでいるのか，あるいは，それを上回って雇用を奪う状況になっているのかといった点も研究課題となりうる．このほか，インテリジェント ICT の利活用によって働き方がどのように変化しうるのか，労働者のメンタルヘルスが向上するのか，経営や組織の改革などの補完

的イノベーションが起きているのか，といった労働者や企業レベルのデータを用いた実証研究も大事となる．

こうした研究課題に取り組むには，労働者のタスクや雇用・賃金・働き方を明らかにするデータが必要となる．特に，労働者に対してタスクに関する追跡調査を毎年実施し，パネルデータとして活用することは有用といえる．技術革新がどのような分野でどのようなスピードで進むかは予測が難しいため，あらかじめパネルデータで労働者のタスクや雇用・賃金の動向を経年的にとらえておくことで，労働市場への影響を動学的にとらえることができる．また，タスクの把握も職業情報だけでは不十分であり，Autor and Handel（2013）や DeLaRica and Gortazar（2016）が行っているように，労働者が実際に従事している仕事内容を聴取することでタスクを明らかにすることが望ましい．

5.2.2　若干の政策含意

本書の整理から見出せる政策含意として，まずは，インテリジェント ICT の利活用を政策的に進めることが挙げられる．インテリジェント ICT が生産性を高めて雇用創出を生み出すには，いかに企業や労働者が積極的に利活用していけるかにかかっている．前章で触れたように，日本でのインテリジェント ICT の利活用の度合いや認知度は，アメリカよりも遅れている．このため，政策的にインテリジェント ICT の利活用の促進をサポートすることも大事といえる．たとえば，インテリジェント ICT を利活用する企業に補助金を支給したり，表彰制度を作ったりするなどのインセンティブ付けを行うことなどが考えられる．また，インテリジェント ICT の効果的な利活用をしている企業や補完的イノベーションとなる経営・組織改革も実施している企業などの事例をベストプラクティスとして広く情報提供することも，利活用を政策的に多くの企業に拡げる手段となりうる．

次に，インテリジェント ICT に雇用が代替されてしまう労働者に対してセーフティネットを整備しておくことも重要といえる．その際には，技術失業をした労働者に失業給付を支給するといった消極的労働市場政策ではなく，インテリジェント ICT でも遂行できないタスクに労働者が就けるような

教育訓練を実施し，労働者のスキル習得を促す積極的労働市場政策を重視すべきであろう．

また，そもそもインテリジェント ICT に代替されにくい人材を育成することも重要であり，たとえば，Frey and Osborne（2013）が示した認識・操作性（Perception and Manipulation），創造知性（Creative intelligence），社会知性（Social intelligence）といったスキルを学校教育の段階から習得させるような教育改革も必要であろう．特に，技術革新のスピードは速いため，新たな技術の動向をいち早く学校教育に反映させることも望まれる．

一方，インテリジェント ICT が創出する新たな雇用を支援するような政策も検討に値する．具体的には，インテリジェント ICT の設計・開発・製造に携わるコンサルタント，データサイエンティスト，デザイナー，アーキテクト，エンジニアや，インテリジェント ICT の普及に携わるコンサルタント，インストラクター，管理運用者（チューナー）などの育成に政策的に取り組むことなどが考えられる．その際には新たな職業の資格・認定制度などを創設することも一案といえる．

最後に，統計行政についても改革が必要といえる．上述したようにインテリジェント ICT の影響を把握するには，労働者が従事しているタスクを明らかにすることが重要である．しかし，労働者の職業については小分類といった詳細な情報が統計で把握できるが，実際に従事しているタスクの情報についてはほとんど把握できない．さらに，日本では現在，職業情報からタスクを推定することも十分にはできない状況にあるため，職業とタスクを紐付けるアメリカの O*NET のようなデータベースの再構築も必要といえよう．

参考文献

Acemoglu, D. and Autor, D.（2011）"Skills, tasks and technologies: Implications for employment and earnings," *Handbook of labor economics*, ed4, pp. 1043‑1171.

Adermon, A. and Gustavsson, M.（2015）"Job polarization and task-biased technological change: Sweden, 1975‑2005," *The Scandinavian Journal of Economics*, Vol. 117, No. 3, pp. 878‑917.

Autor, D. and Dorn, D.（2013）"The growth of low-skill service jobs and the polarization of the US labor market," *The American Economic Review*, Vol. 103, No. 5, pp. 1553‑1597.

Autor, D. and Handel, M.（2013）"Putting Tasks to the Test: Human Capital, Job Tasks, and Wages," Journal of Labor Economics, Vol. 31, No. 2, pp. S59‑S96.

Autor, D., Levy, F., and Murnane, R.（2003）" "The Skill Content of Recent Technological Change: An Empirical Exploration," *Quarterly Journal of Economics*, Vol. 118, No. 4, pp. 1279‑1333.

Autor, D., Katz, L., and Kearney, M.（2006）"Measuring and interpreting trends in economic inequality," *AEA Papers and Proceedings*, Vol. 96, No. 2, pp. 189‑194.

Blinder, A.（2009）"How many U.S. Jobs Might be Offshorable," *World Economics*, 10（2）, pp. 41‑78.

Bloom, N., Sadun, R., and Van Reenen, J.（2012）"Americans DO It Better: U.S. Multinationals and the Productivity Miracle," American Economic Review, 102（1）, pp. 167‑201.

Bresnahan, T., Brynjolfsson, E., and Hitt, L.（2002）"Information Technology, Workplace Organization, And The Demand For Skilled Labor: Firm-Level Evidence," *The Quarterly Journal of Economics*, Vol. 117, No. 1, pp. 339‑376.

Brynjolfsson, E. and McAfee, A.（2014）*The Second Machine Age: Work, Progress, and Prosperity in a Time of Brilliant Technologies*, W W Norton & Co Inc.（村井章子訳『ザ・セカンド・マシン・エイジ』日経BP社）

Brynjolfsson, E. and McAfee, A.（2011）*Race against the Machine: How the Digital Revolution is Accelerating Innovation, Driving Productivity, and Irreversibly Transforming Employment and the Economy*, Lightning Source Inc.（村井章子訳『機械との競争』日経BP社）

Cowen, T.（2011）, *The Great Stagnation: How America Ate All the Low-Hanging Fruit of Modern History, Got Sick, and Will（Eventually）Feel Better*, Dutton.（池村千秋訳『大停滞』NTT出版）

DeLaRica, S. and Gortazar, L.（2016）"Differences in Job De-Routinization in OECD Countries: Evidence from PIAAC," IZA Discussion Paper Series, No. 9736.

DiNardo, J. and J. Pischke（1997）"The Returns to Computer Use Revised: Have Pencils Changed the Wage Structure Too?" *The Quarterly Journal of Economics*, Vol. 112, pp. 291-303.

Ford, M.（2015）, *Rise of the Robots: Technology and the Threat of a Jobless Future*, Basic Books.（松本剛史訳『ロボットの脅威：人の仕事がなくなる日』日本経済新聞出版社）

Ford, M.（2009）, *The Lights in the Tunnel: Automation, Accelerating Technology and the Economy of the Future*, Createspace.（秋山勝訳『テクノロジーが雇用の75％を奪う』朝日新聞出版）

Freeman, R.（1986）"Demand for education," in Ashenfelter, O. and Layard, R. eds., *Handbook of Labor Economics*, Vol. I, North Holland, p.357-386.

Frey, C., and Osborne, M.（2013）"The future of employment: how susceptible are jobs to computerization," OMS Working Paper, University of Oxford（Retrieved September 17）.

Goos, M., and Manning, A.（2007）"Lousy and lovely jobs: The rising polarization of work in Britain," *The review of economics and statistics*, Vol. 89, No. 1, pp. 118-133.

Goos, M., Manning, A., and Salomons, A.（2009）"Job polarization in Europe," *The American Economic Review Papers and Proceedings*, Vol. 99, No. 2, pp. 58-63.

Heckman, J., Lance, L., and Christopher, T.（1998）"Explaining rising wage inequality: Explorations with a dynamic general equilibrium model of labor earnings with heterogeneous agents," *Review of Economic Dynamics*, Vol. 1, pp. 1-58.

Katz, L. and Murphy, K.（1992）, "Changes in relative wages: supply and demand factors," *Quarterly Journal of Economics*, CVII, pp. 35-78.

Kawaguchi D. and Mori Y.（2014）, "Winning the race against technology," Bank of Japan Working Paper Series, No. 14-E.5.

Krueger A.（1993）"How computers have changed the wage structure: evidence from microdata, 1984-1989," *The Quarterly Journal of Economics*, Vol. 108, No. 1, pp. 33-60.

McIntosh, S.（2013）"Hollowing Out and the Future of the Labour Market," BIS Research Paper No. 134.

Naticchioni, P., Ragusa G. and Massari, R（2014）, "Unconditional and Conditional Wage Polarization in Europe," IZA Discussion Papers No. 8465.

Schaufeli, W., Bakker, A, and Van Rhenen, W.（2009）, "How changes in job demands and resources predict burnout, work engagement, and sickness absenteeism," *Journal of Organizational Behavior,* Vol. 30, No. 7, pp. 893-917.

Senftleben, C., and Wielandt, H.（2012）"The polarization of employment in German local labor markets," SFB 649 discussion paper 2012-013.

Spitz-Oener, A.（2006）"Technical Change, Job Tasks, and Rising Educational Demands:

Looking outside the Wage Structure." Journal of Labor Economics, Vol. 24, NO. 2, pp. 235-270.

Summers, Lawrence（2014）, "U.S. Economic Prospects: Secular Stagnation, Hysteresis, and the Zero Lower Bound," *Business Economics*, Vol. 49, No. 2, pp. 65-73.

Tinbergen, J.（1974）"Substitution of graduate by other labor," *Kyklos* Vol. 27, pp. 217-226.

Tinbergen, J.（1975）*Income Difference: Recent Research*, North-Holland Publishing Company.

Yamaguchi, S.（2013）"Changes in Return to Task-Specific Skills and Gender Wage Gap," Global COE Hi-Stat Discussion Paper Series, No. 275.

Yamamoto, I., and Matsuura, T.（2014）, "Effect of work-life balance practices on firm productivity: Evidence from Japanese firm-level panel data," *B.E. Journal of Economic Analysis and Policy*, Vo.14, No. 4, pp. 1677-1708.

Welch, F.（1973）, "Black-white differences in returns to schooling," *American Economic Review*, Vol. 63, pp. 893-907.

阿部正浩 (2005)『日本経済の環境変化と労働市場』東洋経済新報社

阿部正浩 (2010)「非正規雇用増加の背景とその政策対応」『労働市場と所得分配 (「バブル／デフレ期の日本経済と経済政策」6巻)』，慶應義塾大学出版会，439-468頁

石原真三子 (2003)「パートタイム雇用の拡大はフルタイムの雇用を減らしているのか」『日本労働研究雑誌』No. 518, pp. 4-16.

井上智洋 (2016)『人工知能と経済の未来 2030 年雇用大崩壊』文藝春秋社

池永肇恵 (2009)「労働市場の二極化―IT の導入と業務内容の変化について」『日本労働研究雑誌』No. 584, 73-90頁

池永肇恵 (2011)「日本における労働市場の二極化と非定型・低スキル就業の需要について」『日本労働研究雑誌』No. 608, 71-87頁

池永肇恵 (2015)「情報通信技術 (ICT) が賃金に与える影響についての考察」『日本労働研究雑誌』No. 663, 71-87頁

池永肇恵・神林龍 (2010)「労働市場の二極化の長期的推移：非定型業務の増大と労働市場における評価」PIE/CIS Discussion Paper No. 464.

伊藤大貴 (2016)「タスクモデルを用いた男女間格差の考察」Panel Data Research Center at Keio University Discussion Paper Series

小原美紀・大竹文雄 (2001)「コンピュータ使用が賃金格差に与える影響」『日本労働研究雑誌』No. 494, 16-30頁

島津明人 (2014)『ワーク・エンゲイジメント：ポジティブ・メンタルヘルスで活力ある毎日を』労働調査会

清水方子・松浦克己 (2000)「努力は報われるか：パソコンと賃金，教育の関係」『社会科学研究』51(2)，115-136頁

櫻井宏二郎（2004），「技術進歩と人的資本—スキル偏向的技術進歩の実証分析—」『経済経営研究』25(1)，日本政策投資銀行設備投資研究所，1–66頁

総務省（2015）『インテリジェント化が加速するICTの未来像に関する研究会』報告書

野原快太（2016）「地域労働市場における二極化の検証—ITの雇用代替効果と地方の雇用」Panel Data Research Center at Keio University Discussion Paper Series, DP2015-008

野呂沙織・大竹文雄（2006）「年齢間労働代替性と学歴間賃金格差」『日本労働研究雑誌』No. 550, 51–66頁

野村総合研究所（2016）『ICTの進化が雇用と働き方に及ぼす影響に関する調査研究』報告書

濱秋純哉・堀雅博・前田佐恵子・村田啓子（2011）「低成長と日本的雇用慣行—年功賃金と終身雇用の補完性を巡って」『日本労働研究雑誌』No. 611, 26–37頁

濱口桂一郎（2013）『若者と労働「入社」の仕組みから解きほぐす』中公新書ラクレ

松尾豊（2015）『人工知能は人間を超えるか：ディープラーニングの先にあるもの』角川EPUB選書

三谷直紀・小塩隆士（2012）「日本の雇用システムと賃金構造」『国民経済雑誌』206(3)，1–22頁

労働政策研究・研修機構（2016）『データブック国際労働比較2016』労働政策研究・研修機構

脇坂明・松原光代（2003）「パートタイマーの基幹化と均衡処遇（Ⅰ）」『学習院大学経済論集』40(2)，157–174頁

山本勲（2014）「企業における職場環境と女性活用の可能性—企業パネルデータを用いた検証—」RIETI Discussion Paper Series 14-J-017

山本勲・黒田祥子（2014）『労働時間の経済分析：超高齢社会の働き方を展望する』日本経済新聞出版社

著者紹介

山本　勲

1993 年　慶應義塾大学商学部卒業

1995 年　慶應義塾大学大学院商学研究科修士課程修了

1995 年　日本銀行入行

2003 年　ブラウン大学大学院経済学部博士課程修了（経済学博士取得）

2005 年　日本銀行金融研究所企画役

2007 年　慶應義塾大学商学部助教授

現在　　慶應義塾大学商学部教授

　　　　元・三菱経済研究所研究員

労働経済学で考える 人工知能と雇用

2017 年 3 月 10 日印刷
2017 年 3 月 15 日発行

定価　本体 1,300 円＋税

著　　者	山　　本　　　勲	
発 行 所	公益財団法人　三菱経済研究所	
	東 京 都 文 京 区 湯 島 4−10−14	
	〒 113−0034 電話 (03)5802−8670	
印 刷 所	株式会社　国　際　文　献　社	
	東 京 都 新 宿 区 高 田 馬 場 3−8−8	
	〒 169−0075 電話 (03)3362−9741 〜 4	

ISBN 978-4-943852-59-9